VENDREDI SOIR.

Par Alphonse Karr.

PARIS.
HIPPOLYTE SOUVERAIN, EDITEUR.
Rue des Beaux-Arts, 3 (bis)

1835.

VENDREDI SOIR.

PARIS — IMP. DE P. BAUDOUIN,
rue Mignon, 2

VENDREDI

SOIR.

Par Alphonse Karr.

PARIS.
HIPPOLYTE SOUVERAIN, EDITEUR,
Rue des Beaux-Arts, 3 (bis).

1835.

I.

Il est neuf heures, et vous n'êtes pas habillé?

— Nous avons du temps encore devant nous.

Ces souvenirs de jeunesse, qu'un hasard nous a fait rappeler ; ces jours que nous dépensions sans compter, à cet âge où on se croit d'années et de bonheur un trésor inépuisable, tiennent mon esprit sous un tel charme, que j'ai peine à le rompre. La vie se partage en deux moitiés, l'une pleine d'espérances qui ne doivent point se réaliser; l'autre, livrée aux regrets de bonheurs dont nous n'avons pas joui ; car ce qui nous semblait si beau dans l'avenir, ce qui, lorsque nous l'avons atteint, ne nous a donné que désappointement et dégoût, reprend sa magie dans le passé. L'espérance et le souvenir ont le même charme et le même prestige : c'est l'éloignement. Certes, la jeunesse a aussi ses peines, et elles sont d'autant plus amères, qu'alors on se croit en droit de demander beaucoup à la vie ; qu'on prend ses désirs pour des promesses, ses espérances pour des valeurs qui doivent être remboursées un jour; mais la jeunesse a tant de force et de vie, que ses peines ont du charme et de la poésie ; que vivre et sentir est pour elle une jouissance : semblable aux enfans dont le corps est sans cesse en mouvement, et qui se fatiguent volontairement plus qu'un forçat sous le bâton des gardes-chiourmes. A tout prendre, c'est l'âge le plus heureux ; c'est celui où l'homme vit le plus à la fois.

— Et c'est aussi l'âge où l'on a le plus de grandeur et de noblesse, l'âge des croyances et de la foi, qui seules engendrent les grandes choses. Nous pouvons le dire, parce que ni vous, ni moi, nous ne sommes encore à l'âge où l'on appelle vice et folie ce que l'on ne peut plus faire; où l'on érige ses infirmités en autant de vertus; où l'on se croit sobre, parce que l'estomac ne digère plus; continent, parce que le sang a perdu sa chaleur; discret, parce que l'on n'a plus rien à dire.

— Pensez-vous que nous aussi, nous arrivions-là ?

— Oui, la vie a pour tous le même courant, les mêmes rives, les mêmes écueils, le même port. Quoi que nous fassions, il nous faut passer par où les autres ont passé; et le plus prudent serait de se laisser aller *à valon*, comme disent les bateliers, sans se donner un mouvement inutile dans un courant invincible et invariable. Nous rions des ridicules et de la bicoque gothique de notre père; nous habiterons la bicoque, et nous aurons les mêmes ridicules; et cette maison, nous l'aimerons, et ces ridicules, nous les caresserons. Nous croirons avoir un palais et des vertus !

— Néamoins, quoique une vie âpre et agitée, plus que l'âge, car je suis plus jeune que beaucoup d'étudians, m'ait de bonne heure exilé de cette riante partie de la vie, je comprends les passions et les folies de la jeunesse ; je les aime comme le printemps, dont elles ont la fraîcheur. Malheureusement, et espérons que ce sera pour peu de temps, cette vie, d'ordinaire si insoucieuse de la jeunesse, est aujourd'hui troublée par des préoccupations politiques. Etrange aveuglement ! que d'escompter ainsi son avenir ! que de secouer l'arbre en fleur pour lui faire porter plus tôt des fruits sans maturité et sans saveur, surtout quand ces fleurs sont si fraîches et si parfumées, surtout quand d'elles-mêmes elles doivent tomber si vite. L'arbre qui doit donner des fruits de primeur perd ses feuilles avant l'automne : le jeune homme qui fait de la politique à dix-huit ans sera ganache à quarante! C'est à la jeunesse qu'on peut appliquer ce que disait le réformateur Luther :

> Wer nicht liebt wein, weid und gesang,
> Ber bleibt ein narr sein lebelang.

« Celui-là sera fou toute sa vie, qui n'aime ni le vin, ni l'amour, ni le chant. » Seulement, je retrancherais le vin.

—Pourquoi! Vous tombez déjà dans ce que je disais tout à l'heure; vous voulez retrancher des plaisirs ceux dont vous ne jouissez pas; vous n'aimez pas le vin, vous ne voulez pas qu'on en boive; vous me rappelez ce renard qui, ayant perdu sa queue dans un piége, disait aux autres renards : Que faites-vous de cette queue inutile, qui n'est bonne qu'à balayer la poussière et à faire, dans les broussailles, un bruissement révélateur?

— Je pense que la jeunesse est riche, et qu'elle doit ne pas empiéter sur l'avenir. Le vin est un plaisir qu'il faut se réserver pour un âge plus avancé. Si on dépense plus que son revenu de plaisirs, on sera ruiné de jouissances dans la vieillesse.

— Cette fois, vous avez, je crois, raison; cependant versez-moi un verre de ce vin du Rhin.

— Pour en revenir à ce que nous disions, vous rappelez-vous, alors que nous demeurions rue de la Harpe, le jour où nous donnâmes un bal?

— Comme si la chose s'était passée hier. Je vois encore nos deux chambres contiguës, meublées d'une grande malle et d'une paire de fleurets.

— Vous rappelez-vous, ce jour-là, à quoi vous servit notre grande malle?

— Parbleu, mon père vint pour me sermoner; comme je l'avais reconnu par la fenêtre, je m'enfermai dans la malle; vous lui dites que j'étais sorti; et, comme il ne paraissait pas ajouter foi entièrement à votre assertion, vous vous tîntes assis sur la malle, pour lui ôter l'idée de regarder dedans.

— Oui, et pour que son sermon ne fût pas perdu, il jugea à propos de me le faire subir; en quoi je montrai un des plus grands dévouemens à l'amitié que nous ait transmis l'histoire, tant j'écoutais avec patience et résignation.

—Tandis que, dans la malle où j'étouffais, j'étais en proie à toutes les douleurs de l'agonie.

— A propos de visites importunes, te rappelles-tu une visite que nous reçûmes dans cette même matinée?

— Je me rappelle le toit que nous gravissions pour arriver à une sorte de plate-forme entre deux cheminées; là, nous portions des livres, des cigares, et nous nous chauffions à la fumée des cheminées voisines. Quand ton tailleur arriva, tu étais sur le toit; il te demanda. — Monsieur est-il ici? — Oui, monsieur, donnez-vous la peine d'entrer; et je lui désignai le sommet du toit,

Il est impossible d'imaginer une physionomie plus élargie, plus stupéfiée que celle de l'honorable créancier. — Monsieur me paraît occupé, me dit-il, je ne veux pas le déranger ; ayez seulement la bonté de lui dire que, s'il n'a pas payé son mémoire à midi, je le ferai citer chez le juge-de-paix.

— Puis, quand il fut parti, il nous revint dans la mémoire que nous donnions un bal ce jour-là, et que nous avions invité vingt personnes ; nous nous demandâmes : Que nous manque-t-il pour la solennité de ce soir ? Nous réfléchîmes quelque temps, et le résultat de nos réflexions fut qu'il nous manquait tout ; puis nous examinâmes nos ressources. Elles consistaient en une montre, qui jusque-là avait échappé à de fréquens naufrages, et en fort peu d'espèces monnoyées ; il fallut avoir recours aux expédiens. D'abord, il était impossible que nos vingt invités pussent tenir dans nos deux chambres ; nous allâmes prendre dans un grenier un vieux paravent que quelque voisin y avait relégué, et, au moyen dudit paravent, nous parvînmes à clore le carré, que nous usurpâmes pour en faire une troisième chambre, dans laquelle nous mîmes deux chaises et une table.

— Puis, j'allai chez sept ou huit amis pour réunir les vingt verres qu'il nous fallait, et nous débouchâmes ce que nous pûmes acheter de bouteilles de vin, et nous en doublâmes le nombre en mettant moitié d'eau; après quoi ce vin fut bouché et cacheté.

— Et notre orchestre?

Qui! ce jeune musicien qui arrivait de Reims, et qui se laissa persuader qu'il jouait devant les plus célèbres artistes de Paris, et qui, pour se produire en si bonne société, joua du violon toute la soirée.

— Et le tapis? Tu allas en marchander deux chez un marchand de meubles qui demeurait sur la place Sorbonne; on les apporta de ta part, pour que l'on pût choisir. Je me rappelle encore l'hésitation du commissionnaire quand je lui dis de les laisser, qu'on enverrait la réponse ; puis il s'en alla et nous nous empressâmes de clouer le tapis dans la seconde pièce.

— Et notre unique bougie, comme nous l'ornâmes de papier découpé, comme nous la mîmes en évidence sur la table de jeu, comme nous n'eûmes soin de ne l'allumer que lorsqu'on commença à jouer.

— Cela me rappelle le reste de notre luminaire. J'imaginai de mettre deux clous au plafond, et le soir, j'allai décrocher les deux quinquets qui éclairaient l'escalier, et je les plaçai dans *nos Salons*. Quand nos invités arrivèrent, plusieurs se plaignirent que l'escalier n'était pas éclairé. A quoi nous répondîmes que cette maison était mal tenue, que nous allions la quitter. Et encore, pour le repas, comme nous n'avions pu avoir que des gâteaux à un sou, nous volâmes la cage où la portière tenait renfermée une douzaine de serins, dans l'intention de les plumer et de les faire cuire comme alouettes ; mais notre ignorance en cuisine sauva la vie aux oiseaux. Puis, dans un cabinet attenant à notre *appartement*, tu laissas tomber avec fracas, quand tout le monde fut réuni, deux ou trois vieilles tasses, et tu vins m'apprendre que les glaces étaient perdues ; à quoi je répondis en citant le proverbe allemand : *Ein gericht, und in frundliech gesicht*; « Un seul plat et un visage ami. » Vous n'aurez que des gâteaux et de l'eau sucrée ; mais une foule de visages amis.

— Ce que tu as peut-être oublié, ce sont les préparatifs de notre toilette ? nous n'avions qu'une paire de bottes et une paire de souliers. Tous deux nous voulions mettre les bottes, parce qu'au quartier latin, la botte est plus habillée que le soulier. Ne pouvant nous accorder, nous résolûmes de nous en rapporter au sort, et de jouer les bottes à pile ou face. Il ne nous restait pas une seule pièce de monnaie. Alors nous les jouâmes au premier sang avec des fleurets, boutonnés bien entendu, et quoique tu tirasses mieux que moi, je te touchais, et mis les bottes.

— C'est à moi que nous dûmes l'invention des bouquets pour les *dames*. Au moyen d'une corde et d'un nœud coulant, j'amenai chez nous toutes les fleurs qui couvraient les fenêtres d'une femme qui demeurait au-dessous de nous.

— Puis, le soir, arrivèrent des tribulations et des malheurs imprévus. Le musicien mangea comme un glouton, et quoique nous eussions averti que nous n'avions pas faim, pour nous abstenir de diminuer le nombre, déjà trop restreint, des gâteaux, il n'y en eût pas pour tout le monde. Et nous nous aperçûmes qu'il n'y avait pas de serviettes pour les dames. Celles qui avaient des mouchoirs brodés profitèrent de cette occasion pour les étaler complaisamment; mais celles dont les mouchoirs étaient plus simples paraissaient chercher. J'allai tout doucement décrocher les rideaux, et je les apportai sous la dénomination de serviettes. Et la bougie tirait à sa fin; il n'y avait pas moyen de la remplacer. Nous étions fort perplexes, quand un incident nous sauva. Je ne sais plus quel est l'incident?

— Rien moins que le commis du tapissier. On l'avait beaucoup blâmé d'avoir laissé les tapis chez des inconnus; et, sans des courses urgentes, il serait venu plus tôt chercher les tapis ou le prix en argent. La seconde condition était impossible à remplir; la première n'était que difficile. Je priai le commis d'attendre sur l'escalier, puisque nous avions confisqué le carré à notre profit. En rentrant je feignis de tomber en m'accrochant au tapis; fort heureusement, m'écriai-je, que cet accident n'est pas arrivé à une de *ces dames*, je leur évite une cruelle entorse. Ce tapis nous empêche de danser dans cette pièce, et nous resserre dans les deux autres. Je vais l'enlever. Je me mis à arracher les clous et j'enlevai le tapis.

— Ce qui remplit *nos Salons* d'une épaisse poussière.

— Puis on se remit à danser.

— Comme j'étais censé avoir une entorse, je m'occupai d'observer les danseurs et les danseuses. Les étudians sont en général de bons et naïfs jeunes gens qui aiment à se parer des vices qu'ils n'ont pas. Simples et timides, ils font les roués et les mauvais sujets; ils fument, quoique le tabac leur fasse mal au cœur; et ils marchent en frappant du talon. Pour les danseuses, prises dans la classe des grisettes, il n'y avait de remarquable en elles que l'affectation et la minauderie, pendant la première moitié du bal; la gaîté, la folie, et peut-être plus, pendant la seconde moitié.

— J'ai plus étudié les grisettes que toi; tu es resté à la superficie. Dans tes observations, tu oublies le mépris de celles qui avaient des chapeaux pour celles qui n'avaient que des bonnets, et en retour, la haine et la jalousie des bonnets contre les chapeaux. Le soin des premières, de ne pas se découvrir la tête, quelques beaux que fussent leurs cheveux. — Je ne te parlerai pas du style guindé des étudians, ni de l'affection sentimentale et romanesque des grisettes ; mais une chose m'a souvent frappée, et la voici :

S'il y a un moment dans la vie où l'homme a de la grandeur et de la noblesse, où il sent en lui quelque chose qui, gêné par les limites étroites du corps, à chaque instant semble prêt à rompre les liens qui le retiennent, c'est alors que, surpris de nombreux besoins, de désirs inconnus, il écoute au-dedans de lui-même la mystérieuse harmonie de l'ame qui s'éveille, et il se voit naître à une seconde naissance; alors qu'il rêve l'amour, que cette jeune ame se souvient des anges qu'elle vient de quitter, et cherche sur la terre où placer cet amour divin qui n'a plus d'objet. Heureuse alors la femme qui usurpe ce premier amour ! car il n'y a pas une femme qui en soit digne! Heureuse si elle pouvait connaître le trésor de félicité qui lui est offert ! Mais, pour la plupart, elles méprisent ou dédaignent le jeune homme qui ne sait pas parler l'amour, ce qu'on n'apprend que lorsqu'on n'aime plus; car lorsqu'on aime du premier amour, il n'y a pas de langue humaine qui paraisse suffisante. Il faut que l'ame entende l'ame. Elles préfèrent se livrer à des hommes usés et au cœur caduc. Quelques unes, cependant, sont plus expérimentées, et s'emparent, comme un oiseleur, de cet amour si pur et si profond; mais elles n'ont que déceptions et dégoût à offrir en échange. Il faut, pour un premier amour, un premier amour; ou bien il semble voir une rose qui, plantée dans du fumier, exhale un parfum perdu dans l'odeur fétide qui l'environne et la tue.

Eh bien, ces grisettes, jeunes filles blasées, chez lesquelles l'ame n'a pu naître, parcequ'elles ont eu un amant avant d'avoir de l'amour, c'est a elles que, semblables à l'abeille qui cherche le miel dans le calice des fleurs, viennent demander ce bonheur ineffable qu'ont rêvé tant de jeunes gens purs encore et naïfs; mais la fleur est décolorée et desséchée, et le suc qu'en retire l'abeille est un poison,

— Tu vois les choses sous un point de vue lamentable. Rappelons plutôt le dénouement de notre bal. Le voisin du dessous frappant avec un balai, pour réclamer le silence et la liberté de dormir. Notre mépris pour la requête du voisin. Le portier irrité de ce que nous le faisions coucher tard, montant par malice l'assignation que mon tailleur avait été exact à m'envoyer; le mystère avec lequel je la cachai; la curiosité d'Adèle, supposant que c'était une lettre d'amour; mon imprudente réponse : *Au contraire. —Alors, Monsieur, c'est un duel.*

— Le peu de succès de mes dénégations; la colère d'Adèle; notre brouille; le départ de notre société; le portier reconnaissant les quinquets.

— Et le lendemain notre congé de par le propriétaire, sur la plainte collective de tous les voisins.

— Sais-tu l'heure qu'il est?
— Non.
— Minuit et demi; à peu près l'heure de sortir du bal pour lequel tu n'es pas encore habillé.

II.

Les deux amis prirent goût à ces souvenirs. — Ils se réunirent pendant quelque temps à d'autres camarades de collége qu'ils trouvèrent moyen de rassembler.

Le lieu de réunion était l'atelier d'un peintre. C'était une vaste salle haute de vingt pieds et recevant le jour par en haut. Les meubles consistaient en deux divans — quelques fauteuils en bois sculptés avec des housses en damas rouge — quelques bahuts gothiques couverts de vieilles porcelaines de Chine, dans lesquelles on enfermait du tabac du Levant. Aux murailles étaient appendus divers tableaux et esquisses — un sabre turc — des pipes aux longs tuyaux de cerisier d'Arménie — des figures en plâtre — un poignard persan — un couteau de Catalogne — un fusil — des pistolets — des épées — des arcs et des flèches — des chapelets bénits — un casque romain — quelques têtes de mort — des fleurs dans des vases étrusques posés sur des consoles antiques. A l'heure où les amis se rassemblaient, l'atelier était éclairé par un grand feu de charbon de terre. Chacun s'asseyait comme il lui semblait bon — on allumait les pipes — le maître de la maison mettait le feu au punch dont la flamme bleue éclairait fantastiquement les visages, puis on causait et on racontait au hasard. Chacun disait ce qui lui paraissait amusant, intéressant ou opportun.

Pendant plus de deux mois — chaque *vendredi* ramena la société complète — puis quelques uns ne vinrent plus.

Un vendredi, nous ne nous trouvâmes que trois. Je ne vous ferai point part des résultats qu'eut sur la conversation le punch préparé pour huit et absorbé par trois. Le vendredi suivant le peintre eut affaire dehors. Il laissa sa clef chez le portier pour ceux qui viendraient. Le feu était allumé et le punch tout préparé.

Quand il revint, il trouva le feu éteint et le punch encore froid sur la table. Personne n'était venu.

Ce volume contient une partie de ce qui s'est dit et raconté dans ces quelques soirées.

III.

Par une pesante soirée du mois de juillet, l'air était surchargé de nuages d'un gris cuivré, et si bas qu'en s'avançant lentement ils touchaient la cime des arbres, dont le feuillage frissonnait sans qu'il s'élevât le moindre souffle. De temps à autre un bruit lointain et sourd suivait un éclair à peu de distance.

Involontairement soumis à ce respect et à cet air d'attente que l'orage, qui va éclater, donne à toute la nature, trois hommes, renfermés dans une chambre, s'entretenaient à voix basse. Dans ces convulsions de la nature, l'homme tâche de se rendre petit et inaperçu, comme l'enfant qui, redoutant la colère d'un pédagogue, cherche à se cacher sous son banc.

— Mes chers messieurs, dit un des trois, dont les traits fatigués et la voix affaiblie pouvaient indiquer un profond chagrin et des veilles prolongées, vous êtes maintenant ma dernière espérance.

Tout ce que les autres médecins ont fait jusqu'ici à mon pauvre frère n'a réussi qu'à le faire souffrir davantage, et cependant, je n'ai épargné ni peines, ni argent; j'ai vendu tout ce que je possédais pour payer la médecine et les drogues, et je l'ai fait de grand cœur, car si mon pauvre frère meurt, comme il ne paraît que trop certain, mon plus grand chagrin sera d'être forcé de lui survivre pour nourrir sa femme et l'enfant dont elle va être mère. Je vous laisse seuls, messieurs, avec une excellente bouteille de kirschenwaser. Je vais retourner auprès de mon frère, voir s'il a besoin de quelque chose; avisez entre vous au moyen de le soulager, messieurs, et tout ce qui me reste sera à vous, et vos noms seront dans mes prières tant que mes lèvres pourront remuer, et mes mains se joindre, et mes yeux se tourner vers le ciel.

Quand les deux médecins furent seuls, ils se mirent à converser et à vider la bouteille de kirschenwaser.

Ceci se passait il y a cent cinquante ans, dans une maison de pêcheur sur les bords du Rhin, non loin des ruines du château d'Ehrenfels, en cet endroit où le Rhin, resserré et gêné par des rochers entassés, précipite ses flots avec une violence qui les fait bondir et écumer, tandis que de loin on l'aperçoit calme, bleu, limpide, promenant ses eaux entre deux rives vertes et fleuries. Près du château d'Ehrenfels, des écueils produits par des portions de rocher, que le fleuve ébranle sans les pouvoir enlever, forment un tourbillon que les bateliers ne passent jamais sans se recommander à Dieu et à la Vierge, et où plusieurs ont péri (1).

— Monsieur, dit un des deux médecins, croiriez-vous que j'ai une incroyable peine à tirer de l'argent de mes malades, et que je ne puis m'en faire payer qu'en productions de leurs champs?

— Cela peut avoir son agrément, et je m'en trouve quelquefois très bien.

— Oui, mais, malheureusement pour moi, j'ai affaire à de maudits vignerons. Pour comble de malheur, la récolte de l'an dernier a été très abondante, de sorte que j'ai reçu plus de vin que je n'en pourrai boire dans toute ma vie.

— Quoique, mon cher confrère, je vous en aie vu parfois vider un certain nombre de bouteilles, et avec une parfaite résignation.

---

(1) La main des hommes a rendu aujourd'hui ce passage beaucoup moins dangereux; néanmoins, souvent encore les bateliers avertissent les passagers de faire leur prière.

— Je ne me prétends pas plus ennemi du vin que ne doit l'être un bon Allemand, mais la récolte de l'an dernier a été si abondante que personne ne veut plus en acheter.

— C'est un heureux hasard qui vous a poussé à me parler de cet embarras, mon cher confrère; j'ai besoin de vin, et nous pourrons facilement nous arranger pour faire un échange. Vous m'avez parlé, il y a quelque temps, de l'envie que vous auriez de trouver un cheval doux et robuste à la fois. Je serais assez porté à me défaire de mon cheval bai. Décidément, c'est un luxe que ma fortune ne me permet pas, d'avoir ainsi deux chevaux dans mon écurie.

— Cet arrangement me conviendrait assez. Quel âge a votre cheval?

— Il prend sept ans.

— Vous me répondez de sa douceur, confrère; vous savez que je ne suis pas cavalier, et vous ne voudriez par vous servir de ce moyen pour avoir ma clientelle.

— Je le laisse monter par ma femme et par mes enfans, ainsi vous pouvez être parfaitement tranquille.

— Pour votre cheval, je vous donnerai deux pièces de vin.

— Cela va, pourvu qu'il soit bon.

— Le meilleur qu'on puisse boire. Pourvu que le cheval ne soit pas rétif.

— Scellons le marché en buvant un verre de ce délicieux kirschenwaser.

— Il va sans dire que vous donnez avec la selle et la bride.

— Du tout, c'est un marché à part ; cependant je vous les jouerai aux cartes contre cinq bouteilles de kirschenwaser, si vous en avez qui vaille celui-ci.

— Tope ! Il est fâcheux que nous n'ayons pas de cartes ici.

A ce moment Wilhem entra.

Il était encore plus abattu qu'à son départ.

—Messieurs, dit-il, mon pauvre frère souffre encore davantage; de grâce, dites-moi ce que vous pouvez avoir imaginé pour le soulager.

— Monsieur Wilhem, dit un des deux médecins, après avoir examiné attentivement, et avec les lumières que peuvent nous donner la science et l'expérience d'une longue pratique, nous avons décidé qu'il fallait faire boire à votre frère une infusion de cochléaria.

— Dans laquelle, dit l'autre, vous mettrez trois gouttes de laudanum.

— Voici le laudanum et le cochléaria.

— Vous pensez donc, messieurs, que cela le soulagera?

— Sans aucun doute.

Vilhem paya les médecins nomades, et se hâta de préparer leur ordonnance, puis de la faire prendre à son frère ; elle ne produisit aucun résultat, et Richard laissait échapper des cris aigus. Wilhem, de désespoir, se frappait la tête contre la muraille.

Mon Dieu ! disait-il, ayez pitié de mon

pauvre frère, ayez pitié de moi ; ne m'enlevez pas mon bon, mon seul ami, lui qui a protégé mon enfance, ma nourri, m'a élevé comme aurait fait une mère. Mon Dieu ! ayez pitié de lui, donnez-moi la moitié de ses souffrances, il en a plus qu'un homme n'en peut porter ; ou, s'il vous faut accabler une pauvre créature, donnez-moi ses douleurs tout entières ; je les supporterai pour qu'il ait un moment de sommeil.

Oh ! mon frère ! mon Richard, que veux-tu ? Oh ! si mon sang pouvait te soulager ! ne te désespère pas, Richard, il est impossible que Dieu n'ait pas pitié de nous.

— Wilhem, dit Richard, où est ma femme ?

— Je l'ai forcée de prendre un peu de repos. La pauvre femme a les yeux brûlés par les veilles.

— Et toi aussi, mon pauvre Wilhem, tu dois être bien fatigué ; et Richard s'efforça d'étouffer un cri.

— Comment, se dit Wilhem, Dieu ne

m'entend pas ! les cris de douleur de ce malheureux et les cris de mon cœur n'arrivent pas jusqu'à lui! Je ne puis résister davantage, je ne puis le voir souffrir. Que faire, qu'inventer? J'ai fait brûler des cierges dans l'église; chaque jour on dit une messe. Tous les médecins, à dix lieues à la ronde, le sont venus visiter depuis trois semaines qu'il est sur son lit sans un instant de sommeil. Dieu est-il donc notre père!

Et comme Richard souffrait toujours, Wilhem parut frappé d'une idée soudaine. Attends, mon Richard, dit-il, attends une heure seulement, et si je n'apporte pas un remède à tes douleurs, je tuerai toi, et moi, et ta femme, car c'est trop souffrir; attends-moi. Il serra la main froide de Richard et s'élança dehors au milieu du vent et des éclairs qui sillonnaient l'air à de courts intervalles.

Il alla prendre son bateau, et se mit au courant. En passant près du *trou de Bingen*, ce tourbillon si redouté dont nous avons parlé plus haut, il allait, comme de coutume, faire une courte prière, d'autant que le vent soulevait les vagues plus que de coutume, et que ses sifflemens, la lueur des éclairs et les éclats de la foudre qui déchirait les nuées, tout répandait dans l'ame une terreur mystique; mais il était arrivé à ce point de désespoir, à ce point où l'on brave tout, parce qu'on croit avoir épuisé le malheur. Et d'ailleurs, se dit-il, pourquoi prierais-je Dieu, qui ne veut pas soulager mon frère? Il ne m'entend pas, et ce n'est plus en lui que j'espère : ce qu'il ne veut pas m'accorder, je vais aller le demander au diable ; c'est lui seul que j'invoque, puisque Dieu m'abandonne. En ce moment, un éclair brilla, la foudre presque aussitôt fit un bruit horrible au-dessus de sa tête; la nuée était proche, il crut un moment que Dieu allait le punir de ses blasphêmes, mais son bateau passa entre les écueils malgré l'obscurité et le vent. Au reste, dit-il, pourquoi Dieu entendrait-il nos blasphèmes, puisqu'il n'entend pas nos prières? Le diable est d'un bon secours; en l'invoquant j'ai passé le *Bingerloch*, où tant d'autres ont péri en implorant le secours de Dieu.

Et tout en suivant le cours de l'eau :

Il est bien connu dans le pays que Hanry, qui est allé s'établir à Mayence, n'est devenu si riche qu'en se donnant au diable, au carrefour de la forêt. Je sais que beaucoup sont incrédules, et soutiennent qu'on aurait beau appeler le diable pendant cent nuits de suite à tous les carrefours de toutes les forêts, il ne vous entendrait pas. Cependant, ce n'est pas une raison de ne pas croire les choses parce qu'on ne les comprend pas; nous croyons bien au soleil, que personne ne comprend; — mais c'est un crime horrible que de se vendre ainsi au diable, et je frémis à la pensée de lui appartenir, quand je songe à tout ce qu'on dit des peines de l'enfer. Mais, mon frère, mon pauvre frère, qui, lorsque j'étais enfant, travaillait pour me nourrir; encore en ce moment il souffre, il crie; il faut le soulager à quelque prix que ce soit, et, d'ailleurs, Dieu aura peut-être pitié de moi en voyant la cause qui me fait agir.

Quelle horrible tempête! continua-t-il, serait-ce un avertissement du ciel. — Bah! il s'occupe bien de nous, le ciel qui laisse souffrir le meilleur des hommes.

A ce moment il aborda, amarra son bateau aux racines d'un vieux saule.

Pourvu que je retrouve l'endroit; on me l'a cependant montré bien des fois.

A la lueur des éclairs, il pénétra dans la forêt, et, après bien des détours, arriva à un point d'où partaient trois chemins. — C'est ici, dit-il, et il s'appuya contre un arbre.

Ses cheveux étaient dressés sur sa tête; tous ses muscles étaient horriblement tendus.

Le vent qui s'engouffrait sous les arbres,

les éclairs qui jetaient de temps à autre une lueur bleuâtre, tout augmentait sa terreur.

Il chercha dans sa tête la formule qu'on lui avait indiquée, et dont s'était, disait-on, servi Hanry-le-Riche.

Au moment de la prononcer, il hésita. Puis : Allons ! c'est un moment de plus que souffre mon pauvre frère ; il arrivera ce qui qui pourra ; et, à haute voix, il dit trois fois : Monseigneur le Diable, je vous donne à présent et à tout jamais ma main gauche, si vous rendez la santé à mon frère.

Puis, avec accablement : C'est fini ! Alors il tomba sur la mousse humide et se prit à pleurer.

Ensuite, sans rien dire, sans penser presque, tant il était écrasé et anéanti, il alla rejoindre son bateau. En passant le *Binger-loch*, l'aviron qu'il tenait de la *main gauche* se brisa contre un roc. Il ne douta plus que le diable n'eût accepté son offrande ; il frissonna, et cependant se hâta de regagner la maison.

Il trouva Richard endormi.

Voici ce qui était arrivé :

Dans son trouble, Wilhem avait, en sortant, mal fermé la porte; le vent l'avait ouverte avec violence, et le bruit qu'elle faisait, joint au vent qui venait jusqu'à lui, devinrent tout à fait insupportables à Richard; il appela, mais inutilement. Enfin il essaya de se lever, mais sa faiblesse était telle que, arrivé à la porte, il se laissa lourdement tomber; en même temps il vomit du sang; l'abcès, cause de sa douleur, venait de crever; il ne sentit plus qu'une véhémente envie de dormir, se traîna jusqu'à son lit, et tomba dans un profond sommeil.

Quand Wilhem vit son frère endormi : Allons, dit-il, mon frère est guéri, et moi je suis damné !

Il passa le reste de la nuit sans dormir; le matin, vaincu par la fatigue, il céda au sommeil; puis, se réveilla en sursaut, en criant : Mon Dieu, ayez pitié de moi! Il avait songé que le diable l'entraînait dans les entrailles de la terre.

Une semaine après, Richard avait repris ses travaux ordinaires. Le bonheur et la douce paix reparurent dans la cabane du pêcheur. Wilhem, lui-même, qui, pendant quelque temps, avait paru sombre et taciturne, avait repris sa bonne humeur; seulement le moindre incident qui pouvait lui rappeler cette nuit funeste, le rendait morne et silencieux pendant plusieurs jours, et son imagination frappée trouvait à chaque instant des prétextes à d'invincibles terreurs. Il eût tué mille hommes de sa main droite et incendié tout son village, qu'il eût considéré cela comme un accident ordinaire; mais s'il lui arrivait de briser un vase de terre qu'il tenait de la main gauche, il lui semblait que le diable se servait de cette main qui était devenue sa propriété. Joignez à cela, que la maladresse ordinaire de la main gauche était encore fort augmentée chez lui par la répugnance qu'il avait à s'en servir, et qu'il ne touchait rien de cette main sans le briser ou le laisser tomber.

Le dimanche, à l'église, il tenait cette main cachée sous sa veste, et souvent, agenouillé sur la pierre, il pleurait amèrement en demandant pardon à Dieu. Personne ne comprenait un tel excès de piété, et Wilhem ne répondait à aucune question. Une nuit d'orage l'empêchait de dormir, et il la passait en prières; il n'osait, non plus, passer sur le trou de Bingen, qu'il avait franchi deux fois en invoquant le diable.

Richard souvent, et sa femme qui était devenue mère, s'inquiétaient de la situation de Wilhem, et lui en faisaient quelquefois de doux reproches. Ces marques d'affection rendaient du calme à son esprit, et il était heureux et tranquille jusqu'au moment où un accident nouveau lui rendait trop présent le souvenir de la nuit fatale où il s'était donné au diable.

Il arriva qu'un sentiment qui lui remplit tout le cœur vint le distraire de ses sombres pensées. Il devint amoureux d'une jeune fille douce et belle; tout à son amour, il ne songea plus au diable, et ne s'occupa que de sa jolie Claire. Richard et sa femme se réjouissaient de le voir heureux, car c'était tout ce qui manquait à leur bonheur.

La veille du mariage, Wilhem et Claire s'étaient assis sous les branches de quelques saules qui bordaient la rive, le soleil descendait à l'horizon sous des nuages sombres, et ses rayons leur faisaient une belle frange d'or et de pourpre.

A cet heure de silence et de recueillement, les deux amans parlaient de l'avenir, et se regardaient; le lieu et l'heure donnaient à leurs pensées, à leurs paroles, à leurs regards, quelque chose de solennel et de sacré.

— Mon Wilhem, dit Claire de sa douce voix, il faut que je te quitte : mon père serait inquiet; et vois, les nuages de l'horizon montent en vapeur noire, l'eau s'agite sans qu'il fasse de vent, les feuilles frissonnent, et les oiseaux s'enfuient; il va y avoir un orage : à demain. En disant ces mots, elle ôta de son doigt une petite bague d'argent : Tiens, lui dit-elle, c'est la bague de ma mère ; ce sera mon anneau de mariage; tu me le donneras demain, mais porte-le tout le reste du jour, et toute la nuit. Wilhem lui donna un baiser sur le front, et, par habitude, tendit la main droite pour que la jeune fille lui passât l'anneau au doigt.

— Non, non, Wilhem, dit-elle, à la main gauche, c'est celle du cœur, c'est celle où l'on met l'anneau de mariage.

Wilhem frémit, et retira la main qu'elle attirait à elle.

— Non, non, dit-il, je ne veux pas — pas à cette main, au nom du ciel ! pas à cette main.

— Tu m'effraies, Wilhem, tes yeux semblent s'élancer de ta tête.

Et Wilhem s'enfuit, courant comme un fou.

Il passa près de Richard. — Où vas-tu? lui dit Richard, tu cours comme si le diable t'emportais.

— Eh! dit Wilhem, qui te dis que le diable ne m'emporte pas.

Claire, inquiète, rentra chez son père; puis alla trouver Richard et sa femme; elle leur raconta ce qui était arrivé. Tous trois se perdirent en conjectures.

Wilhem ne rentra pas souper; cependant le souper devait être gai, c'était l'anniversaire de la guérison de Richard.

Quand il fut hors de la vue de Claire et de son frère, Wilhem s'arrêta : — Oh! non, dit-il, je ne lui ferai pas partager mon sort, elle ne sera pas la femme d'un homme qui s'est vendu au diable.

Il se mit à pleurer en songeant à tout ce

qu'il perdait de bonheur; puis il se jeta à deux genoux sur le sable, et pria.

Mais l'orage grondait, les éclairs brillaient; il se rappela la nuit funeste : il y avait juste un an, jour pour jour. Alors sa tête se perdit : il lui sembla sentir dans sa main une chaleur dévorante, il monta dans son bateau, et le mit au courant. Quand il approcha du *Bingerloch*, il frémit de ne pouvoir arriver jusqu'à la forêt. Il n'osa implorer ni Dieu ni le diable ; il passa heureusement, et chemin faisant il craignait que chaque éclair ne fût la foudre qui allait le frapper, que chaque vague ne dût l'engloutir, avant qu'il eût expié son crime, ainsi que sa folie lui en avait suggéré l'idée.

Arrivé au bord, il remercia Dieu; puis marcha du pas saccadé d'un homme qui a la fièvre, et parcourut les sinuosités de la forêt jusqu'au moment où il retrouva le carrefour.

Il se mit encore à genoux et implora le secours de Dieu.

Le vent brisait les arbres et ébranlait jusque dans leurs racines les chênes les plus robustes.

Il ôta sa veste, releva jusqu'au coude les manches de sa chemise, et s'écria trois fois : — Monseigneur le Diable, je t'ai donné ma main gauche ; la voici, viens la prendre !

Et à la troisième fois, plaçant sa main gauche sur un tronc brisé, d'un coup de sa hache de batelier qu'il avait apportée, il se coupa le poignet ; puis s'enfuit soutenu par la violence de la fièvre, laissant près de l'arbre sa hache et sa main.

Il entra dans son bateau, sa fièvre était telle qu'il eût la force de ramer en suivant la côte de la seule main qu'il lui restait.

Quand il fut près du trou de Bingen, les forces lui manquèrent ; il se jeta à genoux en implorant l'aide de Dieu.

Le lendemain, Richard, en allant à la pêche, trouva le cadavre mutilé de son frère retenu entre les pointes de deux roches aiguës.

IV.

Au temps où il y avait des *gentilshommes* et des *filles d'Opéra*, un comte, peut-être même un marquis, peu importe, s'avisa, dans un moment d'abandon, de signer, à une danseuse, un papier ainsi conçu : *Je promets donner à mademoiselle*** cent louis par mois aussi long-temps qu'elle m'aimera.* Quelque temps après, cette liaison finit comme toutes celles du même genre, sans que ni l'un ni l'autre sût précisément quand, pourquoi ni comment. Le marquis eut d'autres maîtresses, la danseuse d'autres amans.

A vingt ans de là, la danseuse ne dansait plus; un monstrueux embonpoint l'avait éloignée du théâtre, et avait éloigné d'elle ses adorateurs. La sylphide, autrefois si brillante, que des chevaux écumans semblaient fiers de promener, que de riches cavaliers suivaient, s'efforçant d'attirer un regard,et un sourire, seule, presque pauvre, allait à pied dans une douillette de soie violette, le matin à l'église, à deux heures à la place Royale, et, le soir, chez quelques amis, faire une partie de whist.

Le marquis, de son côté, était marié, père de famille, et honoré d'une place dans la vénérie d'un roi qui ne chassait pas. C'était un homme calme, rangé, et ne se rappelant ses plaisirs de jeunesse que pour les blâmer dans les autres, ainsi qu'il arrive à tous les hommes qui appellent crimes les plaisirs qui leur échappent, et vertus les infirmités qui leur arrivent.

Or, il advint un soir que la danseuse n'alla pas faire sa partie de whist, et qu'elle resta seule en son modeste logement.

D'abord elle s'ennuya. Quand le moment présent n'apporte ni plaisir ni chagrins qui puissent alimenter le cœur et l'esprit, on se rejette naturellement sur le passé ou l'avenir ; une femme de quarante ans n'a pas d'avenir. La danseuse évoqua le passé, se rappela sa beauté et ses diamans, ses voitures, ses chevaux, ses amans, ses parures, et machinalement ouvrit un tiroir où elle avait serré quelques portraits et quelques lettres ; elle regarda, et lut, non sans quelques larmes de regret. Tout à coup, il lui tomba sous la main l'engagement signé par le marquis, lequel, cinq ou six jours après, comme il déjeunait avec son fils, qu'il chapitrait vertement sur quelque incartade, vit entrer un domestique qui lui remit un papier plié en quatre.

Le papier était timbré du timbre royal, et contenait ce qui suit :

« Louis, par la grâce de Dieu, roi de France et de Navarre, à tous présens et à venir, salut. A la requête de demoiselle ***, et en vertu d'une reconnaissance et promesse en bonnes formes, et dûment signée, dont copie annexée à la présente sommation :

« Je promets payer à mademoiselle ***
« cent louis par mois, aussi long-temps
« qu'elle m'aimera. »

« Ladite demoiselle, par le ministère de M⁰ Durand, procureur au châtelet de Paris, par exploit en date de ce jour, fait signifier à M.*** qu'elle n'a jamais cessé de l'aimer, qu'elle l'aime toujours et l'aimera toute sa vie. En conséquence de quoi, faisons commandement à M.*** d'avoir à payer à ladite demoiselle la somme de six cent quatre mille francs, formant les arrérages et les intérêts, pendant vingt ans, de la pension consentie par ledit M.*** à ladite demoiselle, sans préjudice de l'avenir. En foi, de quoi, et pour qu'il n'en ignore, lui avons laissé la présente copie, dont le coût, etc., etc. »

Le marquis fut un peu étourdi; puis fit parler à la demoiselle, lui faisant observer que cette pièce n'aurait probablement pas de valeur en justice; qu'elle ne produirait qu'un scandale inutile pour elle, et fâcheux pour une famille honorable. Elle tint bon, et annonça qu'elle plaidrait; par suite de quoi, le marquis fut amené à une transaction assez onéreuse, mais qu'il préféra au ridicule d'un semblable procès; car alors on commençait à soupçonner qu'un marquis pouvait quelquefois être ridicule.

Cette anecdote nous en remet en la mémoire une autre quelque peu plus ancienne, et qui ne manque pas d'intérêt.

Vers l'an 1530, arriva à Paris, de je ne sais quelle province, un jeune homme dont tout l'avoir consistait en un habit à peu près convenable, vingt ans, vingt écus, et une lettre de recommandation. Au bout de huit jours, il avait perdu sa lettre de recommandation, dépensé ses vingt écus, et son habit s'usait aux coudes; il ne lui restait plus pour présent et pour avenir que ses vingt ans, ce qui ne rapporte guère qu'un grand appétit, et des désirs d'autant plus grands qu'on ne peut les satisfaire. Il y avait loin de là aux rêves dorés qui l'avait amené à Paris.

Le pauvre garçon, à entendre parler du luxe, des parures, des fracas de la ville, avait imaginé qu'il suffisait d'être dans les murs de Paris pour avoir un hôtel, des laquais et des chevaux, Il fut fort étonné le premier jour qu'il fut obligé de se coucher sans souper, lui qui s'attendait, comme on dit, à voir les alouettes toutes rôties, et les perdrix tout accommodées aux choux, trop heureuses qu'on daignât les manger.

Cependant, comme c'était un jeune homme de cœur et de résolution, il ne voulut pas se laisser mourir de faim ni de chagrin; il déterra un sien parent, bourgeois de la ville, et lui demanda assistance. Le bourgeois n'eût rien de plus pressé que de placer son neveu, pour se dégrever de ce surcroît de famille; et Bouret eut le bonheur d'entrer chez le comte de *** en qualité de secrétaire du secrétaire de monseigneur. Là il avait un bon lit, une bonne table et des habits convenables; mais il était ambitieux, et tout ce qu'il voyait le dévorait de désirs. La nuit, retiré dans sa chambre, il attendait quelquefois long-temps le sommeil, en songeant aux chevaux, aux laquais, aux habits de monseigneur, aux respects dont il était environné, et, plus que tout cela, aux femmes qui embellissaient ses soupers. Oh! je ferai fortune, se disait-il; je serai riche aussi, et j'achèterai des laquais, des respects, des chevaux et de l'amour; puis il s'endormait, et ses rêves le berçaient des plus riantes illusions, jusqu'au moment où on le réveillait pour qu'il prît les ordres du secrétaire de monseigneur. Alors il fallait dire adieu à ses beaux songes, avec l'espoir de les retrouver le soir.

Un jour, le comte chargea son secrétaire d'une lettre pour mademoiselle Gaussin, l'actrice la plus séduisante et la plus à la mode qui fût alors. Le secrétaire en chargea Bouret; celui-ci eut la fantaisie de voir ce qu'on pouvait écrire à mademoiselle Gaussin. Il ouvrit la lettre, et n'y trouva que du papier pour une valeur de 15,000 francs. D'abord il fut fâché que cette femme si belle, qu'il avait vue une fois au théâtre, et dont il avait gardé un profond souvenir, vendît ainsi son amour. Il pensa que lui, avec son cœur, jeune, et altéré de bonheur, avait à donner des trésors qui valaient plus de 15,000 francs; puis il arriva à trouver le comte bien heureux d'avoir 15,000 francs, et à se dire : quand aurai-je 15,000 francs ?

Il porta la lettre et vit la belle Gaussin. Il la quitta amoureux comme un fou, jaloux comme un tigre du bonheur qu'achetait son maître. Pendant les jours qui suivirent, il croyait toujours entendre sa voix, et il tressaillait, il croyait la voir, et ses yeux lançaient des éclairs; puis il finissait par son refrain ordinaire : « Oh! je ferai fortune! »

Une nuit qu'il ne dormait pas, il lui vint en l'esprit une idée bizarre et hardie. Il se leva, alluma une bougie, et se hâta de la mettre à exécution avant que les obstacles se présentassent à ses yeux assez clairement pour l'en détourner.

Il écrivit à mademoiselle Gaussin.

« Mademoiselle, lui disait-il, que votre
« vue, le son de votre voix m'aient troublé
« la raison, au point que je n'aie plus ni
« appétit, ni sommeil, et que je sois devenu
« incapable de m'occuper d'une pensée qui
« n'ait pas rapport à vous, c'est un effet que
« vous devez produire sur tout le monde,
« et auquel vous êtes accoutumée; mais ce
« qui vous étonnera davantage, c'est l'au-
« dace que j'ai de vous offrir mon cœur en
« la situation misérable et précaire où je me

« trouve. Je sais que les grands seigneurs
« sont à peine assez riches pour oser mettre
« un prix à votre possession ; je sais que
« celui-là s'estimerait heureux qui obtien-
« drait de vous la permission de remplir
« vos deux mains de pierreries, au point
« qu'on ne vît plus le pâle incarnat de vos
« jolis doigts.

« Moi, mademoiselle, la plus forte somme
« que j'ai jamais vue en ma possession est
« une somme de vingt écus, et il y a un an
« qu'elle est dépensée. Aujourd'hui, en réu-
« nissant tout ce que je possède et ce que
« j'attends de ma famille, je ne trouve qu'un
« feutre en assez raisonnable état, et une
« paire de bottes beaucoup moins bonnes ;
« de plus, l'espérance d'être chassé de chez
« M. le comte, s'il s'aperçoit que le secré-
« taire de son secrétaire s'avise de marcher
« sur ses brisées.

« A côté de ma pauvreté, je ne puis met-
« tre que mon amour. Ils sont aussi grands

« l'un que l'autre : la seule différence que
« j'y mette est que j'espère n'être pas tou-
« jours pauvre, et que je crains d'être tou-
« jours amoureux. Je suis trop épris pour
« pouvoir peindre ce que je sens ; je ne puis
« que vous dire que je me croirais trop heu-
« reux de donner toute ma vie pour une
« heure de votre amour, et que j'ai plus d'une
« fois demandé au ciel le secret de faire avec
« mon sang de l'or ou des diamans que je
« puisse vous offrir.

« Néanmoins, j'ai bon courage et confiance
« dans l'avenir ; je me sens du cœur et de
« l'énergie, et qui plus est je me sens d'im-
« menses désirs et d'immenses besoins : je
« ferai fortune, je serai riche un jour ; mais
« qui sait quel jour?

« J'ai pensé d'abord que je n'avais qu'à
« attendre ; que mon amour pour vous serait
« un nouveau mobile à mon ambition, et
« que je reviendrais plus tard à vos pieds, ri-
« che et puissant. Mais cette longue attente

« me tuerait ; et quelque impossible que pa-
« raisse la chose, à vous voir aujourd'hui si
« fraîche et si belle, il n'est que trop vrai que
« vous pouvez vieillir, pardonnez l'expres-
« sion, avant que j'aie fait fortune.

« Voici donc, mademoiselle, ce que j'ai
« imaginé. Au nom du ciel, ne me refusez
« pas ; ce serait me porter au désespoir. Je
« vous offre mon amour et ce que je possède;
« car, je le répète, je ferai fortune ; je vous
« offre l'amour comptant ; la fortune à terme
« de la manière que voici : je signerai un
« papier blanc; je corroborerai cette signa-
« ture de toutes les formalités possibles, et je
« le déposerai à vos pieds. Quand j'aurai fait
« fortune, vous remplirez le blanc de la
« manière qu'il vous plaira, et j'aurai le
« bonheur de reconnaître dignement ce qui
« me semble plus précieux que tout l'argent
« de M. le comte et que la couronne du roi
« de France.

« Bouret,
« Secrétaire du secrétaire du comte de ***. »

Mademoiselle Gaussin fut surprise, puis s'intéressa à l'auteur de cette lettre. Il y avait là de l'amour, de l'originalité, et une confiance dans l'avenir qui prouvait une puissance de volonté et une énergie capables de réussir. « Puis, se dit-elle, je puis bien donner une fois par charité, ce que d'autres paient si cher. Si ce n'est pas une bonne affaire, ce sera une bonne œuvre, et elle me sera comptée dans le ciel. »

De sorte que Bouret fut accueilli favorablement. Mademoiselle Gaussin n'eut pas à s'en repentir. Elle trouva en lui un jeune homme bon, spirituel, et, ce qui vaut mieux peut-être que cela, extrêmement amoureux. Cette liaison dura quelque temps, puis Bouret fut chassé par le comte et obtint une petite place dans la maltôte; mademoiselle Gaussin recommença à s'occuper de ses affaires. Ils ne se virent plus qu'à des intervalles éloignés, enfin ils se perdirent de vue.

Il s'écoula une douzaine d'années. Bouret

avait fait fortune ; il était devenu fermier
général. Il paraît que c'était une fort bonne
place, pourvu qu'on n'eût ni préjugés, ni scru-
pules, et qu'on s'y arrondissait rapidement.
On plaisantait alors les fermiers généraux
comme de notre temps on a plaisanté les
fournisseurs. Cela rappelle qu'un jour, dans
une maison où se trouvait Voltaire, on vint
à raconter des histoires de voleurs : chacun
dit la sienne. Quand ce fut au tour de l'auteur de *Candide*, il commença : *Il était une
fois un fermier général... Ma foi, j'ai oublié
le reste.*

Bouret, comme nous l'avons dit, était un
homme d'esprit. Il laissa plaisanter d'autant
plus volontiers qu'il ne payait pas les plai-
santeries. Il amassa six cent mille livres de
rentes, ce qui aujourd'hui vaudrait plus du
double ; et dans une fête qu'il donna au roi
Louis XV, il fit, pour le recevoir, bâtir un
pavillon qui lui coûta quatre millions, ce
qu'on peut estimer à neuf ou dix , en met-

tant l'argent au prix où il est de notre temps.

Tout allait au gré de ses désirs. Ses vœux étaient satisfaits du côté de la fortune. Une nouvelle carrière s'ouvrit à son ambition : il demanda et obtint la main d'une cousine de madame de Pompadour.

Comme il se laissait ainsi bercer par le bonheur, il lui revint aux oreilles que mademoiselle Gaussin avait dit quelque part : « Bouret est riche aujourd'hui : il est juste qu'il paie ses dettes. J'ai de lui une signature en blanc en bonne forme ; je vais la remplir, et lui envoyer son billet. » Il se trouva là quelqu'un qui, soit qu'il n'aimât pas Bouret, soit qu'il voulût se faire bien venir de mademoiselle Gaussin, lui dit : « Et le moment est d'autant plus favorable que quelque envie qu'il en puisse avoir, il ne s'avisera pas de chicaner ni de nier sa signature ; il paiera tout ce qu'on demandera, dût-il en crever, pour ne pas ébruiter la chose. Il est prêt d'épouser une dame de laquelle dépend son élévation : cette dame fait métier de prude, et ne verrait pas de bon œil un témoignage aussi évident de sa liaison avec vous.—Je vous remercie de l'avis, avait répondu mademoiselle Gaussin, j'aurai soin d'en profiter. »

Bouret ne fut pas sans inquiétude : ce qu'on avait dit à mademoiselle Gaussin était vrai. L'humeur de sa future épouse était telle que la divulgation de cette affaire eût nécessairement fait manquer le mariage. Il chargea un ami commun à lui et à mademoiselle Gaussin de la prier de mettre un prix à l'annulation d'un écrit sans force et sans autorité, offrant de reconnaître cette complaisance par un riche cadeau. Il ajouta qu'il savait que mademoiselle Gaussin avait perdu une partie de sa fortune ; que, dans son intérêt propre, il valait mieux qu'elle s'arrangeât à l'amiable avec lui; qu'il était disposé à faire les choses raisonnablement et même généreusement; mais il craignait que mademoiselle Gaussin ne cédât à l'influence d'amis imprudens et ne se livrât à quelque folie.

Mademoiselle Gaussin fit répondre : Que le marché avait été fait de bonne foi; qu'elle n'avait pas mis de restrictions dans ce qu'elle avait donné; que Bouret n'avait pas prétendu en mettre dans le prix qu'il en avait offert sans qu'on le lui demandât; qu'il n'y avait pas de surprise; qu'on ne demandait que l'accomplissement d'une promesse, et qu'on userait de son droit, comptant sur la probité de Bouret.

Ce qu'on ne disait pas, et ce qui était au moins aussi positif, c'est qu'on pouvait compter sur la difficulté de la situation du fermier général, qui l'obligeait à passer par où on voudrait.

Il revint plusieurs fois à la charge. L'actrice fut inexorable; à la dernière fois même elle répondit qu'il n'y avait plus rien à faire;

que le billét était rempli, et qu'elle ne tarderait pas à le faire présenter.

En effet, quelques jours après, au milieu d'une fête que donnait Bouret à son pavillon de Croix-Fontaine, demeure presque royale, où il avait réuni tout ce que le luxe et l'élégance peuvent offrir de plus séduisant; comme il s'efforçait de se rendre agréable à sa future par les soins, les attentions et les assiduités, et qu'il lui montrait en détail les richesses et les curiosités de ce séjour qui lui était destiné, un homme se présenta, qui demanda à lui parler en particulier; et, quand ils furent seuls, cet homme lui annonça qu'il venait de la part de mademoiselle Gaussin pour lui présenter un effet signé de lui.

Bouret pâlit, car il s'agissait pour lui peut-être ou de manquer un mariage auquel il tenait beaucoup, ou de sacrifier une partie de sa fortune. Après quelque hésitation, il ouvrit le billet et lut :

« *Je promets d'aimer Gaussin toute ma vie.*
« Bouret. »

Il n'est pas besoin de dire que Bouret chercha à reconnaître un tel désintéressement par de riches présens et par une constante amitié.

V.

Nous ne ferons pas un long parallèle entre les hommes de lettres d'aujourd'hui et ceux d'autrefois, nous aurons pour les morts cette discrétion que le poète Passerat réclamait de ses amis :

Afin que rien ne pèse à ma cendre et mes os,
Amis, de mauvais vers ne chargez pas ma tombe.

Long-temps la littérature n'a exercé et n'a prétendu qu'une puissance spirituelle; long-temps l'homme de lettres n'a parlé *de rien qui eût rapport à quelque chose*. On ne saurait dire combien de talent et d'esprit se sont dépensés à propos des dieux et des demi-dieux de l'antiquité, avant qu'on osât aborder l'histoire. On a dit impunément du mal des dieux, avant d'oser dire du bien des hommes.

Long-temps l'homme de lettres n'a pas eu la puissance de *gagner sa vie*; Baudoin et Durier, *académiciens*, avaient avec des libraires un engagement qui les obligeait à traduire à trente sous la feuille, et à faire des vers à quatre francs le cent, pour les hexamètres, et quarante sous pour les petits; pas tout à fait deux liards le vers, c'est-à-dire, le prix des hannetons, du temps où y avait des hannetons et des enfans. Racine et Boileau furent forcés de se cacher dans l'hôtel d'un protecteur, pour éviter d'être roués de coups par les gens d'un seigneur bel esprit, qui, dans une guerre d'épigrammes, avait été contraint de céder aux deux poètes; leur protecteur *réussit à faire agréer leurs excuses.*

Jamais alors un poète ne *gagnait* d'argent; son travail n'avait pas une valeur réelle et intrinsèque; s'il réussissait, s'il avait des amis à la cour, le roi lui faisait une pension, ou un grand seigneur, auquel il dédiait ses œuvres, l'admettait à sa table, dont il devait spirituellement faire les honneurs.

Voltaire, un des premiers, gagna une partie de sa fortune en *vendant* ses ouvrages; il éleva son état à la hauteur de l'état d'un menuisier; le temps et le travail de l'homme de lettres eurent alors véritablement une valeur, et il put vivre en attendant l'immortalité! Heureux Voltaire! assez riche pour bâtir une colline entre lui et un voisin fâcheux qui l'incommodait. Voltaire, insulté par un duc de Sully, prit à la fois un maître d'armes et un professeur de langue anglaise, pour se battre et pour se sauver après le combat.

Beaumarchais, plus tard, répondit respectueusement à un seigneur qui le menaçait de lui faire donner des coups de bâton par ses gens : *Monseigneur, j'aurai l'honneur de vous les rendre moi-même.*

Aujourd'hui, on se bat beaucoup moins dans l'armée que dans la vie littéraire : cette fièvre doit passer, maintenant qu'il est bien avéré que personne n'est assez fou pour croire insulter impunément un homme de lettres.

Aujourd'hui il y a un grand nombre de fortunes honorables sorties de la littérature. Les plus beaux chevaux de Paris appartiennent à des hommes qui se sont élevés, soit par les lettres, soit par les littérateurs. Aujourd'hui la presse est reine de France, la presse est reine du monde. Nous ne discuterons pas cette puissance ; nous n'examinerons pas quels en sont les ministres, ni si elle gagnerait à se trouver en de meilleures mains qu'en celles entre lesquelles elle tombe quelquefois ; il ne s'agit pas de décider si la presse gouverne bien ou mal ; ce que nous constatons, c'est qu'elle règne, c'est qu'elle règne seule; que la presse n'est plus comme autrefois une *opposition*, mais qu'elle est *le pouvoir*, et que ceux-là sont dans l'opposition qui luttent contre elle et refusent de la reconnaître La presse est aujourd'hui ce qu'a été l'église aux époques religieuses, ce qu'a été le canon aux époques guerrières. Il n'y a plus ni église ni canons, la presse a recueilli leur héritage, et elle a su l'accroître encore.

Naturellement les hommes de lettres devaient occuper aujourd'hui la place que remplissaient les prêtres sous le règne de madame de Maintenon; les soldats sous le règne de l'empereur Napoléon.

Comment la presse est-elle arrivée à la fortune et au pouvoir, comment est-elle venue abriter sa tête sous ces *lambris dorés*, dont elle ne parlait que par ouï-dire? C'est la société qui l'y a contrainte; l'homme de lettres, c'est-à-dire le représentant de l'intelligence dans l'ordre social, avait été complètement oublié dans la distribution des rôles et dans celle des parts ; l'édifice social, en effet, a été construit par les petits et par les faibles : c'est une chose évidente, quand on considère qu'il est construit sur une base absurde, à savoir sur l'hypothèse de l'égalité entre les hommes ; on ne peut admettre que ce soient les grands et les forts qui aient établi en loi qu'ils ne se serviraient de leur force que jusqu'à la concurrence de la force des faibles ; l'égalité a été établie par ceux qui avaient à y gagner.

Les petits donc ont divisé la vie en petites cellules, toutes faites à la taille du plus petit d'entre eux, et ils ont fixé que chacun se renfermerait dans sa cellule, quelle que fût sa taille ; ils ont aussi réglé que l'homme qui se tiendrait tranquille dans sa case, sans bouger, serait un homme estimable, vertueux et considéré ; que celui qui, plus grand que la sienne, creverait la cloison pour ne pas étouffer, serait méprisé, criminel, nuisible, et comme tel retranché de la société.

— Qu'auraient fait à cela les grands ? Il est clair qu'un homme fort n'est pas aussi fort qu'une grande quantité d'hommes faibles : c'est, je crois, Adisson qui l'a dit, *il faut composer avec les sots comme avec un ennemi supérieur en nombre.*

L'homme de lettres, le savant, et surtout le poète, qui est le type le plus complet de la littérature, se sont donc résignés à l'égalité : ils ont consenti, comme dit M. de Vigny, à se faire *ouvriers en livres, ouvriers en sciences, ouvriers en vers*; mais il faut le répéter, leur existence ni leur industrie n'avaient leur place dans l'ordre social ; leur travail ne leur apportait ni le pain quotidien ni la considération.

Il n'y avait cependant pour la société rien de si facile à contenter que le poète. Il savait que *son royaume n'est pas de ce monde;*

les joies gratuites que donne la nature suffi-
saient à son ame; la voûte bleue d'un ciel
étoilé, les tentes vertes des forêts frémis-
santes, remplaçaient pour lui les palais des
rois et les dais de pourpre des princes de
l'église; les joyeuses voix des fauvettes sous
les lilas en fleurs, les douces harmonies du
vent dans le feuillage, le bourdonnement
des abeilles se roulant dans la poussière des
étamines odorantes des roses sauvages, lui
faisaient une musique céleste qui ne lui laissait pas envier celle dont résonnent les
royales demeures.

Pourvu que de sa petite chambre il pût
voir un vaste horizon et quelques cimes de
peupliers se balançant dans l'air, c'était
tout ce qu'il prétendait des choses de la
vie. Mais la société maladroite lui a chi-
cané ce peu qu'il lui demandait, et obligé
de se défendre, le poète est devenu con-
quérant.

Semblable à l'esclave qui, forcé de fuir

un maître dur et cruel, fit trembler Rome, reine du monde ;

Semblable, en sens inverse, aux alchimistes qui, en cherchant la pierre philosophale, ont fait sur cette route sans but d'utiles découvertes ;

Le poète s'est levé pour conquérir son pain de chaque jour et sa place dans la vie que lui refusait la société ; il est descendu dans l'arène, et il a fait sur les routes que suivaient les autres hommes le chemin qu'il s'était plu jusque là à faire dans les espaces imaginaires, et il les a devancés.

La presse, par indifférence, se contentait d'être libre ; on l'a crue impuissante, on a voulu la faire esclave, elle s'est faite reine.

Aujourd'hui les hommes de lettres se sont emparés du pouvoir et de la fortune.

Pour ceux cependant qui croient encore *que leur royaume n'est pas de ce monde*, pour ceux qui sont restés poètes, il serait temps que la société leur accordât leur place, pendant qu'ils la demandent. L'homme de lettres n'a pas même le *picotin* qu'un général-député, a réclamé à la tribune pour le soldat, il n'y a pour lui ni *retraite*, ni pensions, ni fonctions spéciales, il n'y a pas même un hôpital.

Le bureaucrate et l'ouvrier vendent chaque jour un certain nombre d'heures de leur vie. Mais avant et après le temps vendu, ils sont libres. La part de leur vie qu'ils se sont réservée leur appartient tout entière — sans restriction.

Puis le dimanche arrive riant et insoucieux; pour les uns, escorté de violons et de flûtes joyeuses; pour les autres, couronné de bleuets ou de pampres verts.

A celui-ci il apparaît — nonchalant et calme; à celui-là, poudreux et le bâton de voyage à la main.

A tous il sourit, et il apporte l'oubli de la veille — et l'oubli plus précieux encore du lendemain.

Mais où est le dimanche de l'homme de lettres, où est ce jour que ne gâte ni le passé ni l'avenir? ce jour isolé du travail, isolé des soucis, isolé de la vie? Quand a-t-il un jour de repos sans arrière-pensée, de paresse sans remords ?

L'ouvrier jouit du dimanche parce qu'il sait que le lendemain amènera le travail, et que ce travail il pourra le faire; parce qu'après un certain temps donné à l'apprentissage de son métier, ses mains travaillent d'elles-mêmes et accomplissent leur tâche.

L'écrivain — n'oserait se reposer aujourd'hui, parce que demain, peut-être, un ciel gris, un vent de nord-ouest, lui mettront sur la tête un bonnet de plomb qui interrompra la vie de sa pensée.

Et d'ailleurs le temps qu'il emploie à écrire n'est que la plus petite partie de son travail.

L'ouvrier reçoit son travail du dehors.

L'écrivain doit prendre tout en lui. Il

faut qu'il ouvre ses veines pour en faire couler le sang, il faut qu'il tire la moelle de ses os. Ce qu'il vend, lui, — c'est sa vie, c'est sa pensée, ce sont ses émotions, ses joies, ses douleurs. Il faut qu'il aime, qu'il haïsse, qu'il souffre, qu'il sente plus que les autres. C'est son état. Il faut qu'il aime, qu'il haïsse, qu'il souffre qu'il sente aux yeux de tout le monde. C'est une profanation. — Mais c'est encore son état. Toute sa vie est un travail. Ces rêveries si vagues, ces extases de l'esprit, — pendant lesquelles voltigent autour de la tête des pensées légères, bizarres, que le moindre souffle chasse ou métamorphose comme une fumée ; où l'imagination, libre, vagabonde, laisse là le corps inerte sans force pour la suivre ni pour la retenir, — semblable à l'oiseau qui, échappé de sa cage, voltige à l'entour, et semble narguer l'oiseleur, stupéfait de sa fuite.

Il n'ose s'y laisser bercer. Il faut qu'il arrête devant lui chacune de ces figures fantastiques que revêt la pensée, qu'il en détermine la forme, en distingue la couleur, en fixe les vagues contours et les nuances changeantes; qu'il lutte avec ces riantes fantaisies du cerveau, et qu'il les force—comme *Protée*—à prendre un corps, et à perdre tout le charme de leur mobilité et de leur insaisissable passage.

Jamais de repos. Il y a une voix qui lui dit comme au Juif-Errant : Marche!—marche !

Mais il a trouvé une idée neuve—mais il a réveillé ses émotions et ses souffrances, il les a heureusement reproduites. Il est loué, il est envié. Ecoutez la formule la plus ordinaire de l'éloge : *L'auteur ne s'arrêtera pas en si beau chemin. C'est une route bien commencée. C'est une belle carrière qui s'est ouverte à l'écrivain.*

Toujours, — *un chemin*, —*une route*, — *une carrière*. C'est-à-dire toujours marcher, — toujours de la fatigue, toujours de l'espace devant soi; — toujours un horizon qui, semblable à celui de la mer, s'étend à mesure qu'on avance.

Il faut recommencer une autre vie et un nouveau livre; il faut chercher de nouvelles passions, de nouvelles tortures; heureusement que vous perdez quelques illusions et beaucoup de force, — et que vous voyez les choses autrement. Et la critique vous trouve *inconséquent*. Si vous aviez continué à voir de même, elle eût dit que vous vous répétiez.

Mais le critique n'est pas plus heureux que l'écrivain qui produit.

Celui-ci — est en proie à la haine de gens qui semblent toujours craindre qu'il ne reste pas pour eux assez de papier blanc, et traitent en ennemis, en usurpateurs, ceux qui en diminuent la quantité.

Celui-là, — comme l'a dit un philosophe moderne, doit comme les chiffonniers chercher sa vie dans les ordures.

Au bout de tout cela les plus heureux ont

sur leur tombe une couronne d'immortelles. Une couronne d'immortelles coûte moins cher qu'un pain de quatre livres, et se renouvelle moins souvent.

Cet état de choses accuse à la fois :

Et la législation qui ne donne aux écrivains aucune garantie pour la propriété de leur travail.

Et l'industrie spéciale qui, se renfermant dans les bornes les plus restreintes de la routine, s'est laissé dépasser par toutes les autres industries.

Pour le gouvernement; — et nous ne parlons pas ici de tel ou tel prince, de tel ou tel ministre, nous n'avons ni le besoin ni le désir de soulever aucune question personnelle; pour le gouvernement, son action est nulle sur la presse. Mais quand le gouvernement n'agit pas, il gêne et il empêche.

Le pouvoir joue tous les jours son existence contre la presse. La presse est son seul souci, le but de tous ses efforts et le sujet de toutes ses craintes. C'est à la presse qu'il attribue ses jours de trouble et ses nuits d'insomnie; eh bien ! il n'a pas encore montré qu'il comprît cette puissance, bonne ou mauvaise,— nous ne déciderons pas — mais incontestable, mais formidable, mais victorieuse.

Il lutte avec elle au jour le jour. Il l'arrête sur une ligne, il la chicane sur un mot.

Le peuple aujourd'hui sait lire. Ce n'est plus le moment de chercher si c'est un bien, si c'est un mal; le fait existe; le peuple sait lire, mais il ne sait pas encore juger ce qu'il lit. Sa science nouvelle ne lui sert qu'à le rendre esclave du premier papier imprimé qui lui tombe dans les mains.

Cette éducation du peuple ne peut s'arrêter là : il a entrevu, il faut maintenant qu'il voie. Quelque favorable ou contraire que l'on ait été, que l'on soit, par ses convictions, à son éducation, il faut aujourd'hui marcher en avant. Il y a quelque chose de pire que la nuit, où l'on ne voit rien, de pire que le jour, où l'on voit tout, c'est une demi-obscurité qui fait voir les choses autrement qu'elles ne sont. Le voile a été soulevé, il faut le déchirer, il faut que la presse achève ce qu'elle a commencé. Si elle s'arrête, elle n'a fait que du mal, elle n'a pas remplacé les convictions fausses par d'autres convictions, mais par le doute ; elle n'a pas substitué aux idées détruites d'autres idées, mais des négations.

D'où vient que le pouvoir ne semble entrer pour rien dans cet élan nécessaire ? d'où vient qu'il lutte — et qu'il lutte mesquinement — contre le torrent au lieu d'utiliser son cours et sa puissance ?

Comment se fait-il qu'il n'y ait pour les écrivains d'avenir, de fortune, de bénéfice honorables que dans les rangs de l'opposition ?

Pourquoi les industries particulières seules répandent-elles, par les publications à bon marché, la science et le goût dans les classes intermédiaires, et successivement dans le peuple?

Pourquoi, par exemple, et ce seul exemple doit montrer combien peu le pouvoir comprend la presse, pourquoi le journal le plus cher de tous ceux qui se publient en France, est-il le *Moniteur*, le seul journal du gouvernement qui ait quelque crédit et inspire quelque intérêt?

Pourquoi les écrivains n'ont-ils aucune chance de travaux commandés comme en ont les peintres, par exemple; comme en ont les ouvriers de tous les états?

Qu'arrive-t-il de là?

Les écrivains n'ont ni rang, ni route, ni droits, ni garanties. Ce qu'ont naturellement tous les autres citoyens, il leur faut le conquérir péniblement.

De là les abus de la presse. On respecte son patrimoine, on ne se gêne pas en pays conquis. Du jour où l'écrivain aura sa place marquée, son but certain, son existence assurée; du jour où il aura sa part dans la vie sociale, des garanties pour son industrie, une sauvegarde pour sa propriété, il sera le plus ferme comme le plus puissant soutien de l'ordre et des droits de tous; mais il faut qu'il participe à ces droits, il faut qu'il tire de l'ordre établi le bénéfice qu'en tirent tous les autres.

Aujourd'hui, et d'ici à long-temps peut-être, ce ne sont que quelques industries particulières qui semblent comprendre le vice de la position des gens de lettres en France, et qui s'occupent de chercher les moyens de leur donner une plus grande part dans le produit de leurs travaux en accroissant ce produit.

Espérons que le pouvoir et la législation se contenteront d'avoir été dépassés par l'industrie particulière, et ne voudront pas faire moins pour la position sociale des gens de lettres, que l'industrie pour leur position financière.

En tout cas, comme nous croyons l'avoir établi, la presse ne demande que ce qu'elle peut prendre. Elle prendra tout faute d'obtenir un peu : personnellement, nous ne croyons pas que ce soit un bien.

VI.

Tous les bateaux sont partis *d'Yport* et se sont dirigés vers Dieppe, car c'est là que se fait aujourd'hui la pêche du hareng.

Les vieux marins disent qu'autrefois les harengs venaient se faire prendre sur toute la côte, qu'ils marchaient en si grand nombre et en colonnes si serrées qu'on ne se donnait pas la peine de tendre les *seines* ni les *applets*, qu'on les enlevait avec des seaux et des baquets. Les mouves (gros oiseaux gris qui suivent les bancs des harengs) étaient si nombreuses que l'on était forcé de les écarter à coups de bâton. Ce qu'on avait à craindre alors, ce n'était pas une mauvaise pêche, c'était de voir les filets se rompre sous le poids.

Mais, ajoutent-ils les larmes aux yeux, ce bon temps est passé! Depuis que les harengs ont abandonné nos côtes, nous sommes bien malheureux; nous avons bien du mal à gagner notre vie et celle de nos femmes et de nos enfans; sans compter qu'au lieu de rester chez nous, nous sommes forcés d'aller naviguer avec nos frêles embarcations dans des parages que nous ne connaissons pas aussi bien, et que nous courons par cela même beaucoup plus de dangers.

Le jour du départ, il y a eu grand'messe le matin. La messe a été consacrée à la Vierge, car la Vierge est la patrone, la protectrice des marins; c'est elle qu'ils invoquent dans leurs plus grands dangers.

Puis on a achevé de *parer* les bâtimens, et les marins ont mis leur costume de pêche.

Ce costume se compose d'abord du vêtement ordinaire : une chemise de laine, un pantalon, un gilet et une veste de gros drap. Par dessus, une veste de toile tannée, un *cotillon*, c'est-à-dire un large pantalon court, également en toile tannée; une paire de grandes bottes qui couvrent les jambes et les cuisses; des gants en laine blanche, sans doigts, et sur la tête un bonnet de laine brune ou violette, et le plus souvent amarante ou écarlate. Le tout est recouvert du *palletot*, c'est un manteau à capuchon.

Tout cet attirail est nécessaire pour éviter le froid qui empêcherait les marins de faire la manœuvre, et exposerait à la fois leur pêche et leur existence.

Le matin, chaque homme n'a bu qu'un petit verre de genièvre; car le marin, qui boit autant qu'il peut payer à terre, est extrêmement sobre à la mer; ses provisions se composent de pain, de pommes et de petit cidre.

Le curé est descendu jusqu'à la mer, tout

le monde a chanté un cantique, puis le curé a béni les bateaux.

Alors il a fallu les pousser à la mer à force de bras; quinze hommes au moins sont employés à cette opération. Chaque équipage se compose du maître et de dix hommes, mais les femmes ne sont pas les moins ardentes à mettre la main à l'œuvre.

Ensuite on s'est fait de courts adieux, car un quart d'heure ferait manquer la marée et on ne pourrait entrer à Dieppe; les bateaux ont déployé leurs voiles et se sont éloignés. Les femmes, les enfans et quelques vieillards restés seuls à terre, se sont assis sur le galet et ont suivi les bateaux des yeux.

Ce jour-là, loin des autres groupes se tenaient une femme et une jeune fille vêtues de noir. Le chef de la maison s'était noyé au mois de mai précédent, à l'époque de la pêche du maquereau. Elles suivaient des yeux, en se serrant la main, un des bateaux sur lequel étaient leurs dernières espérances et ce qui leur restait de consolations dans cette vie.

La mère était vieille et cassée, la jeune fille était jeune et belle; elles s'assirent sur l'herbe, entre les joncs, espèce de genêts épineux dont les fleurs jaunes sont si nombreuses et si serrées qu'elles semblent de loin un immense tapis de drap d'or étendu sur les collines.

Voici ce que portait ce bateau qu'elles voyaient partir le cœur serré d'une si cruelle sollicitude.

Il y avait encore un homme dans la famille, et cet homme était un enfant de quatorze ans; il partait pour la première fois. Pour la première fois il allait s'exposer à des dangers qui avaient coûté la vie à son père.

Sur ce bateau aussi étaient les filets du défunt.

Voici comment se partage le produit de la pêche : chaque homme a une part; puis une part appartient en outre à celui qui a mis sur le bateau deux lots de filet, c'est-à-dire seize *seines*. Une veuve a le droit de mettre les filets de son mari sur le bateau qui lui inspire le plus de confiance, personne ne peut lui refuser de s'en charger, et elle prend part ainsi aux bénéfices de la pêche. La veuve avait confié au même bateau et son fils et les filets de son mari.

—Pauvre mère, dit la jeune fille, espérons que cette fois le ciel aura pitié de nous, et veillera sur mon petit frère Moïse. As-tu vu comme il était heureux de partir ; comme il a sauté légèrement sur le bateau ?

— Jamais il n'a tant ressemblé à son père, répondit la vieille femme, c'étaient les mêmes yeux et la même ardeur.

— Et, ajoute la jeune fille, Samuel Martin aura soin de lui.

— Dieu le bénisse aussi, ma fille, car c'est un brave et digne homme, et qui est bien bon pour nous.

La jeune fille rougit et balbutia, car Samuel Martin l'aimait, et elle l'aimait aussi. Il était riche, le bateau qu'il commandait lui appartenait, et il n'y avait aucun prétexte d'espérer qu'il épouserait jamais la pauvre fille.

Mais le brouillard qui s'élevait à l'horizon ne tarda pas à cacher les bateaux. La veuve et sa fille se mirent à genoux et prièrent.

Il y a quelque chose de bien touchant à voir ces prières sous le ciel, sous ce beau dôme de saphir du temple que Dieu s'est créé à lui-même, à l'heure où les vapeurs du soir portent en s'élevant jusqu'au pied de l'Eternel les doux parfums de fleurs, et en même temps les prières des malheureux.

Voici ce qui se passait à bord des bâtimens. A peine fut-on *au large*, c'est-à-dire à une certaine distance de la côte, et quand les voiles furent bien disposées et que les bateaux, à des intervalles inégaux les uns des autres, eurent commencé à glisser sur la mer, semblables, par la forme et la démarche, à de grands cygnes aux ailes d'argent, que sur chaque bateau le maître s'appuya sur la barre, et dit : Nous allons prier le bon Dieu et la sainte Vierge !

Alors tout le monde ôta son bonnet et l'on pria.

La nuit on arriva à Dieppe ; on dîna et l'on se remit à la mer, car c'est dans l'obscurité que se fait la pêche. Les bateaux se séparèrent, chacun selon son expérience ou ses prévisions, se plaçant plus près ou plus loin du bord, en *amont*, c'est-à-dire vers le nord-est, ou en *aval*, c'est-à-dire au sud-ouest de Dieppe.

Nous ne suivrons que le bateau sur lequel sont les filets et le fils de la veuve.

En quittant le port, le patron, à la barre, a encore ôté son bonnet et on a encore prié ; puis, quand on a été arrivé à un endroit favorable, on a cargué les voiles pour ne pas donner de prise au vent, et on a commencé à mettre *dehors*.

Les pêches que connaissent les Parisiens ne peuvent donner aucune idée de la pêche du hareng; il faut mille fois plus d'art, d'adresse, de ruse, d'attention pour prendre un seul petit goujon que pour capturer deux mille harengs. Avec quel soin sont faites les lignes des pêcheurs de nos rivières! Comme le crin en est précieusement égal, comme les hameçons sont *empilés* avec soin, comme ils sont d'un acier fin et artistement travaillés!

Les filets pour la pêche du hareng, que l'on appelle *seines* ou *applets*, sont d'une excessive simplicité : ce sont de longues pièces de filets en forme de pièces de toiles ; seulement la largeur des mailles est bien fixée; on les étend à la mer retenus en haut par de petits tonneaux vides et bien bouchés, et en bas tirés par de grosses pierres ; un bateau quelquefois en étend ainsi sur une longueur d'une lieue. Comme la largeur n'est que de trois brasses, c'est au patron à décider à quelle profondeur on doit les placer.

Après quelques temps, on les relève, on les *épille*, c'est-à-dire on en ôte les harengs, puis on les tend de nouveau et souvent jusqu'à trois fois dans la nuit.

Voici comment se prend le hareng :

Au commencement de l'hiver, il quitte les mers du nord pour venir sur nos côtes ; il marche en longues colonnes serrées, suivi dans l'eau par une multitude d'ennemis, surtout par les chiens de mer, et hors de l'eau par de grandes mouves, les unes grises, les autres blanches, et d'autres blanches aux ailes noires. Au moment où j'écris ceci, j'en ai sous les yeux une que j'ai abattue il y a cinq mois et qui a été mise à mort par mon beau chien Freyschütz : elle a près de cinq pieds de l'extrémité d'une aile à l'autre ; le corps et le dessous des ailes est blanc, le dessus seulement est d'un gris très sombre, la tête est blanche et a la forme d'une tête d'aigle. La mouve a le vol capricieux de l'hirondelle de nos rivières; son plumage est si épais que l'on entend souvent les chevrotines ruisseler sur son ventre, elle se secoue alors et continue sa route. On ne peut abattre les mouves qu'en les touchant à la tête ou en leur cassant les ailes.

Le hareng ainsi poursuivi n'a garde de flâner sur sa route ; aussi les premiers qui rencontrent les *seines* poussent dessus et passent la tête à travers les mailles ; ceux qui les suivent en font autant, mais la maille est trop étroite pour que le corps puisse aussi passer ; ils veulent alors se retirer, mais ils sont arrêtés par les ouïes.

Le chien de mer, hideux poisson qui en est fort avide, n'a plus qu'à choisir, et entame les plus gros et les meilleurs ; aussi les pêcheurs regardent-ils comme un manger exquis les morceaux de harengs entamés qu'ils appellent *bougons*.

Il n'est pas rare que d'un seul coup de filet on retire de l'eau vingt mesures de harengs : chaque mesure contient deux cents harengs; cela fait quatre mille. Il n'y a rien de plus beau que de voir, à la clarté de la lune, retirer les *applets* qui semblent tout lamés d'argent.

Mais les chiens de mer se sont pris aussi dans les filets, et les pêcheurs tiennent leurs ennemis à discrétion. Le chien de mer n'a à attendre alors ni pitié ni merci. La haine de l'équipage s'exerce ingénieusement à le tourmenter. Chaque homme, jusqu'au plus petit mousse, vient à son tour le prendre par la queue et lui frapper la tête sur le bord du bateau; puis on lui ouvre le ventre avec un couteau, et l'on en retire des harengs quelquefois entiers, avec deux ou trois petits chiens vivans dans le sein de la mère. Il n'y a rien de plus haineux que l'accent avec lequel les matelots normands prononcent le mot de *kiens* quand ils les voient. J'ai connu un brave pêcheur, nommé, je crois, Toussaint, qui prétendait les sentir de très loin.

C'est ce qui n'arriva pas au bateau de Samuel Martin ; pendant deux mois qu'il resta dans la rade de Dieppe, il ne prit que juste de quoi payer les avaries du bateau et des filets ; et les autres bateaux se *paraient* pour retourner à Yport, qu'il n'y avait pas cent francs à partager entre tous les hommes de l'équipage du *Triton d'Yport*.

Le patron consulta ses hommes, et tous furent d'avis de rester encore.

Pendant ce temps, voici ce qui se passait à Yport : les nouvelles de la pêche étaient, comme ici à la Bourse, les nouvelles politiques. Quand on voyait une grande quantité de mouves sur la mer, les femmes des marins avaient crédit chez le boulanger ; mais quand il faisait du vent, quand le temps était peu favorable à la pêche, les cœurs et les boutiques des fournisseurs se fermaient.

Tout en se livrant aux soins de leur ménage, aux raccommodages des vieux filets, etc., la jolie Marthe et sa vieille mère s'entretenaient souvent des résultats de la pêche, et surtout du petit Moïse.

—Il y a eu beaucoup de mouches cet été, disait Marthe, et c'est un bon signe pour la pêche.

Puis toutes deux priaient.

Et Marthe ajoutait tout bas une prière pour Samuel Martin.

Un jour, comme elles étaient à laver à une source d'eau douce qui se découvre à la marée basse, sous les falaises d'*Yport*, le soleil se couchait comme il se couche en cette saison, vers le Havre, au sud-sud-ouest d'Yport, une vapeur orangée s'élevait à l'horizon, devenant jaune et plus pâle à mesure qu'elle s'éloignait du soleil; les nuages, au-dessus du soleil, paraissaient d'un bel amarante, et les derniers rayons éclairaient le côté opposé. Tout à coup un cri partit : Une voile! ce sont les bateaux, ce sont nos hommes! En effet, on ne tarda pas à reconnaître à une distance de deux ou trois lieues les premiers bateaux qui revenaient. Les bâtimens des côtes sont faciles à reconnaître pour les yeux exercés : ils ont la carcasse plus large, leur beaupré est un petit mât presque horizontal placé à l'avant du bateau, ce mât, dirigé en haut sur tous les autres navires, est dirigé en bas dans les bateaux pêcheurs d'Etretat, d'Yport, etc.; alors on s'empressa de rentrer le linge, et on prépara les câbles et les haussières, cordes grosses comme le bras, et aussi les cabestans, car il faut *virer* (hisser) les bateaux sur le galet.

La nuit ne tarda guère à arriver, on ne pouvait plus distinguer les bateaux, mais on entendait le son des conques percées, sorte de trompes marines par lesquelles les pêcheurs annoncent leur retour.

Quand tout fut prêt pour les recevoir, les groupes se formèrent sur la plage. Marthe et sa mère étaient montées au plus haut d'une falaise pour découvrir de plus loin les signaux, et aussi pour ne pas laisser voir la violence de leur émotion et de leur anxiété.

Les sensations réelles ne sont pas babillardes ; renfermées au fond du cœur, elles ne s'exhalent pas en paroles.

Alors dans la nuit de la mer commencèrent à paraître les signaux des diverses embarcations.

D'abord une flamme s'éleva. Un cri partit de la rive : *Pierre Martin !*

Et peu après le bateau de Pierre Martin arriva en rade.

Des étincelles jaillirent d'un autre point de l'horizon : *André Toussaint !*

Puis des bouffées de flammes s'élancèrent par trois fois : *Nicolas Maillard !*

De la paille allumée traça sur la mer un long sillon de feu.....

Et le cri répéta sur le bord :

C'est *Jean Mathias !*

— Mon Dieu ! disait la vieille veuve, nous

ne verrons pas la croix de feu de Samuel Martin.

Marthe ne disait rien, mais elle était oppressée, et elle joignait les mains.

Il vint un moment où tous les bateaux furent arrivés, et on n'avait pas vu la croix de feu.

Marthe et sa mère descendirent lentement la colline, et vinrent demander des nouvelles.

Samuel Martin avait eu mauvaise pêche, il voulait faire encore quelques tentatives avant de revenir.

Elles rentrèrent chez elles, et passèrent la nuit en prières. Le surlendemain matin, on signala le bateau de Samuel Martin, et quatre coups de trompe le firent reconnaître.

Les vieux pêcheurs étaient sur le galet.

— Eh! eh! dit l'un d'eux, le bateau plonge bien de l'avant.

— Mais, dit un autre, c'est un bateau

chargé de harengs, ou je ne m'y connais pas.

— Mais il n'y a pas de harengs sur nos côtes !

— Qui sait ? il y a vingt ans que nous n'y pêchons plus.

— C'est peut-être pour cela que nous n'en prenons pas.

Le bateau approcha.

Samuel Martin était sur l'avant, il avait donné le gouvernail à son second.

Aux rayons du soleil levant son bonnet de laine brune et son *palletot* gris étincelaient d'écailles de harengs.

« Bonne pêche ! bonne pêche ! crièrent les anciens, le maître est tout couvert de *pièces de dix sous.* »

Après deux heures d'attente, le bateau arriva à la portée de la voix.

Cent cinquante mesures aujourd'hui, cria Samuel, et deux cents cinquante hier.

Quand le bateau fut viré, quand Marthe

et sa mère eurent embrassé le petit Moïse, qui était, lui aussi, tout argenté d'écailles ; quand Marthe et Samuel se furent embrassés du regard, Samuel raconta qu'il revenait désespéré, lorsque le petit Moïse avait dit comme par une inspiration du ciel: « Allons, un coup pour la veuve et pour les enfans du marin noyé. » On s'était mis en prières, on avait mis *dehors* et pris du premier coup trente mesures de harengs. Le bateau se trouvait surchargé. Tous les pêcheurs avaient embrassé le petit Moïse qui venait de leur porter bonheur. . . . .

. . . .

Je partais le lendemain, je n'ai pas vu le mariage de Marthe et de Samuel Martin, mais tout le monde en parlait comme d'une chose faite, et tout les marins étaient si heureux, que j'aurais voulu rester au milieu d'eux. Le bonheur, comme le soleil, assainit l'air que l'on respire et réjouit l'ame même des simples spectateurs.

VII.

A la fin d'une journée d'automne, devant la maison du garde-général Wilhem Gulf, des filles et des garçons valsaient joyeusement, des jeunes gens jouaient, l'un du violon, l'autre du cor. La forêt devenait encore plus silencieuse; un vent léger qui faisait de temps en temps frissonner le feuillage avait cessé d'agiter les arbres; le soleil ne laissait plus à l'horizon qu'un reflet de pourpre qui éclairait encore horizontalement la clairière dans laquelle on dansait, et colorait d'une vive teinte rose les visages des danseurs.

Après une valse finie, Anna Gulf prit la

parole : — Il n'est pas juste, dit-elle, que le pauvre Henri passe toute la soirée à souffler dans son cor, sans valser au moins une fois. Conrad va jouer seul quelque temps, et Henri pourra prendre part à la danse.

— Et pour le récompenser de la fatigue qu'il a prise à nous faire valser, ajouta la jolie Geneviève, nous déclarons qu'au mépris de tous les engagemens pris d'avance, il a le droit de choisir celle de nous qui lui paraîtra la plus belle et de valser avec elle deux fois de suite.

Anna Gulf devint toute tremblante; elle devait épouser Henri, c'était un projet dès long-temps formé entre les deux familles; mais Henri jusque-là n'avait presque jamais paru distinguer la fille du garde-général.

Anna Gulf aimait Henri : qui ne l'eût aimé? c'était le plus beau et le meilleur garçon du pays; pas un chasseur n'était plus adroit ni plus audacieux, et le prince avait promis de l'élever au grade de garde-général que son beau-père lui devait résigner lors de son mariage.

De son côté Anna était une bonne et jolie fille, qui depuis la mort de sa mère était à la tête de la maison du garde-général resté veuf avec deux enfans, Anna et Conrad; pas une seule maison ne paraissait si propre et si bien tenue; pas une, avec un revenu borné, n'offrait un tel aspect d'aisance et de bonheur. Anna était l'idole de son père et de son frère; ils l'appelaient leur bon ange, et elle avait en effet quelque chose des anges; son corps élancé et flexible, sa jolie tête un peu pâle, ses longs cheveux noirs appliqués en bandeau sur son front, et ses yeux d'un bleu sombre pleins de tendresse et de mélancolie, semblaient par un instinct secret faire pressentir qu'Anna Gulf, ange du ciel, n'avait été que prêtée à la terre, et qu'après avoir, comme une bienfaisante rosée, donné à tout ce qui l'entourait de la vie et du bonheur, elle déploierait ses ailes et retournerait dans sa céleste patrie, laissant au cœur de ceux qui l'avaient aimée cette amertume qui semble être une condition nécessaire de tout bonheur humain.

Henri, sans hésiter, vint prendre la main d'Anna dont le cœur battait à peine tant elle était oppressée de crainte et de plaisir; Conrad fit résonner l'archet, joua une valse composée par Henri, et les valseurs partirent.

Mais la lune commençait à monter derrière les arbres et sa lueur blanche paraissait au-dessus de leurs cimes. Il y avait à cette heure tant de calme, tant de solennité dans le recueillement de la nature, que l'on cessa de valser, et que, rapprochés devant la porte de la maison où le vieux Gulf fumait tranquillement en regardant les jeunes gens, tous les danseurs se laissèrent aller à une conversation plus grave et plus intime. Tout à coup, Henri et Anna qui étaient restés en arrière, s'approchèrent du vieillard, et Henri lui dit : — Mon père, nous nous aimons, donne-nous ta bénédiction. Tous deux s'agenouillèrent. Wilhem Gulf les bénit et demanda pour eux au ciel de plus puissantes bénédictions. Conrad vint serrer la main de Henri; Henri donna à Anna Gulf un bouquet de bruyères qu'il avait à la main; Anna entra brusquement dans la maison et se réfugia dans sa chambre où elle put donner un libre cours aux larmes de bonheur qui l'étouffaient. De ce jour ils furent *promis*, et l'on s'occupa des préparatifs du mariage.

Mais un jour Henri arriva sombre et triste chez le garde-général et lui montra une lettre qu'il avait toute froissée; un oncle mourant à Mayence le priait de venir lui fermer les yeux.

Anna lui dit : — Ne m'oubliez pas et revenez bien vite. — Elle ne dit pas un mot de plus, car elle l'eût prié de ne pas partir; cette nouvelle lui avait serré le cœur; les plus funestes pensées se présentaient en foule à son imagination; le bonheur est une chose si fragile, il y en a si peu de réservé à l'homme, que ce qu'il en peut avoir lui semble toujours pris sur la part des autres; qu'il se cache comme un voleur pour en jouir, et n'ose être heureux que tout bas.

Le père Gulf reçut la nouvelle sans s'émouvoir; il dit à Henri : — Bon voyage, mon fils, et reviens auprès de nous aussitôt que tu te seras convenablement acquitté des devoirs que t'impose la nature. Quand pars-tu?

— Je partirai cette nuit, dit Henri, pour joindre la voiture qui passe sur la route à huit lieues d'ici demain matin.

— Prends ta carabine, ajouta le vieillard.

Vers minuit, en effet, Henri se mit en route, le sac sur le dos et le fusil sous le bras; il fit un détour, car, avant de quitter le pays, il voulait voir encore une fois la maison d'Anna et la lueur de la veilleuse qui brûlait dans sa chambre.

Comme il approchait, il cueillit quelques brins de bruyère blanche et en tressa une couronne pour l'appendre à la fenêtre de sa bien-aimée. Il écarta doucement les branches des coudriers qui entouraient la maison, et plaça sa couronne; la veilleuse, à travers les rideaux, éclairait la petite chambre d'une lueur mystérieuse; Henri rompit la branche de coudrier qui touchait de plus près la fenêtre et l'emporta.

Puis il partit lentement, se retourna quelquefois, s'arrêta long-temps à l'endroit où le détour du sentier allait lui cacher la maison éclairée par la lune, et disparut.

Le lendemain matin, dès que le soleil glissa ses premiers rayons roses dans la petite chambre, Anna ouvrit sa fenêtre, ses cheveux étaient en désordre et sa robe froissée; elle avait pleuré tout le soir, et s'était endormie de lassitude sans se déshabiller;

elle trouva la couronne blanche, la porta à ses lèvres et la serra sur son cœur.

A chaque relais, Henri envoyait une lettre; mais quel que fut son chagrin, c'est pour celui qui reste que l'absence a le plus d'amertume; et en peu de temps la pauvre Anna perdit la teinte rose de son visage; il arriva un moment où les lettres devinrent plus rares, puis on n'en reçut plus du tout. Anna ne se plaignait pas, mais ses joues et ses yeux se creusaient, et elle pleurait en silence dans sa chambre; elle devenait sombre et farouche, et fuyait même la société de son père et de son frère Conrad.

Enfin elle devint tout-à-fait malade; Conrad avait écrit quatre fois à Henri sans en recevoir de réponse. Un matin, il partit pour Mayence; deux mois après, il revint sur un chariot, blessé, pâle; au bout de quelques jours il mourut tué par Henri.

Voici ce qui était survenu :

En arrivant à Mayence, l'oncle s'était

trouvé moins malade que Henri ne s'y attendait, sa ressemblance avec son père avait comblé de joie ce parent, qui attribua sa prochaine convalescence à l'arrivée de son neveu. Cet oncle était fort riche, et, de ses nombreux enfans, n'avait plus qu'une fille très belle qu'il imagina de faire épouser à Henri. Celui-ci n'osa refuser tout d'abord, prit du temps pour demander le consentement de sa mère, et lui écrivit de le refuser; mais dans le temps que la réponse mit à venir, il s'était habitué à sa cousine et à la fortune, et il ne fut pas médiocrement enchanté, au lieu de la lettre qu'il avait demandée à sa mère, d'en recevoir une où elle lui peignait tous les avantages de l'union qu'il était à même de contracter. Il en vint, au milieu des plaisirs d'une grande ville, à oublier Anna, et à regarder les engagemens sacrés qu'il avait pris avec elle, comme un jeu d'enfans auquel devait renoncer l'homme raisonnable.

Conrad était arrivé le jour du mariage de Henri avec sa cousine; il avait fait de vifs reproches à son ancien ami, et, exaspéré de ne pouvoir le fléchir par la peinture de la tristesse et des souffrances de sa sœur, il l'avait insulté et provoqué en public; ils s'étaient battus, et Henri lui avait donné un coup d'épée.

Anna ne pleura pas, mais ses larmes retombèrent sur son cœur et le brûlèrent. De ce moment, elle se consacra entièrement à soigner le père Gulf, bien abattu de la mort de son fils, et à prier. La prière est le refuge du malheureux, c'est un dernier appui quand tous les appuis sont brisés; c'est un lien sacré entre l'homme et la divinité.

Henri se trouva maître d'une grande fortune et époux de la plus jolie femme de Mayence; tout était nouveau pour lui dans la vie de luxe et de plaisir qui se menait à la ville. Un an après son mariage, cependant, son beau-père mourut, et sa femme, nouvellement mère, désira se retirer quelque temps à la campagne. Henri acheta un château à quelques lieues du séjour du père Gulf, et y passa toute la belle saison ; pendant ce temps, Anna acheva de s'éteindre et mourut sans douleurs apparentes; on l'enterra avec la couronne blanche que Henri avait attachée à sa fenêtre la nuit de son départ.

Comme un soir Henri revenait d'une longue partie de chasse, il s'égara dans la forêt et n'imagina pas de meilleur moyen de retrouver sa route que de gagner la maison de sa mère; de là il lui devenait facile de s'orienter : la première moitié de sa vie s'était écoulée dans cette partie de la forêt, et pas un sentier, quelque petit qu'il pût être, ne lui en était inconnu. Il fallut passer devant la maison où le père Gulf restait seul avec une vieille servante. C'était encore une belle soirée d'automne, la lueur du soleil couchant éclairait encore obliquement la clairière, Henri soupira et doubla le pas; il eût marché bien vite, s'il eût pu entendre dans la maison le pauvre vieillard qui veillait la nuit, priait pour son fils et pour sa fille, et disait : « Henri, Henri, toi qui as tué mes deux enfans, soit maudit, sois maudit !

La forêt était plus silencieuse et plus mystérieuse que jamais ; dans le sentier que suivait Henri, elle devenait à chaque instant plus touffue et plus sombre; la lune avait peine à glisser de temps en temps un pâle et furtif rayon à travers les branches; en vain Henri voulait chasser les impressions pénibles qui se réveillaient dans son esprit, en vain il se rappelait sa femme, son enfant, tous les plaisirs qui l'entouraient, le souvenir d'Anna et des jours si heureux, si purs de son amour jetait un crêpe funèbre sur toutes ses autres pensées.

Par moment un vent léger apportait de loin le parfum des chèvrefeuilles fleuris dans la forêt; en marchant toujours, il lui sembla que ce vent apportait aussi par bouffées quelques mesures vagues et singulières d'un chant qui ne lui était pas inconnu.

Il avança, et s'arrêta tout à coup en frissonnant.

Il fallait quelque danger extraordinaire pour faire ainsi trembler Henri, le plus brave des chasseurs de cette forêt; et cependant il n'arma pas son fusil, car ce qui l'effrayait n'avait rien d'humain : c'étaient quelques mesures bien distinctes de la valse qu'il avait autrefois composée et que jouait Conrad, le jour où le vieux Gulf avait béni Henri et sa fille; il fit le signe de la croix et avança.

Puis il ne perdit plus rien des chants: c'étaient des voix de femmes, des voix pures, suaves, fugitives; il s'arrêta et retint son haleine pour écouter. C'était toujours la valse qu'on chantait, et on entendait aussi comme un frôlement de pieds sur la mousse, mais si faible, si léger qu'aucun pied humain

8

n'en aurait pu produire un semblable. Ses cheveux se dressaient sur sa tête, ses jambes fléchissaient sous lui ; cependant, il avança et écouta encore ; on chantaient des paroles : c'étaient des paroles qu'il se rappelait avoir faites lui-même sur cet air, dans la nuit où il s'était éloigné d'Anna ; il ne les avait jamais dites à personne, et cependant on les chantait :

Quelques instans, et la forêt déserte
Va pour moi seul être un palais riche et pompeux :
  Le chêne épais forme une tente verte ;
Et sous ce toit frais, parfumé, nous serons deux.

  Signe orgueilleux de grandeur souveraine,
Rouge turban plissé sur la tête des rois,
Non, tu n'as pas l'éclat de ces tresses d'ébène
Qui couronnent son front et que nattent mes doigts.

  J'ai vu souvent, à des fêtes moins belles,
Briller dans les cheveux d'une femme à l'œil noir

Des diamans aux vives étincelles,
Comme l'étoile bleue au ciel sombre, le soir.

Et j'aime mieux l'églantine séchée
Dont ses cheveux tout un grand jour furent liés,
Et j'aime mieux la mousse encor penchée
Qui garde empreints, sur son velours, ses petits pieds.

Ces paroles, composées dans la forêt par Henri pendant sa route, n'avaient jamais été écrites. Lui-même les avait presque oubliées, et il les entendait, sans que la chanteuse se trompât d'un seul mot. Il fit encore quelques pas, et, au détour du sentier, il trouva une clairière tout entourée de hauts châtaigniers et mystérieusement éclairée par la lune.

Il se tapit dans un buisson, et put contempler un étrange spectacle. Des jeunes filles, vêtues de robes blanches et couronnées de fleurs, valsaient en chantant sur la mousse; mais leurs robes blanches étaient plus blanches qu'aucune étoffe qu'on eût jamais vue; leurs couronnes de fleurs semblaient lumineuses; leurs pas étaient si légers qu'on ne savait s'ils touchaient réellement la terre; leurs voix suaves et mystérieuses ne paraissaient nullement gênées par le mouvement de la valse; leurs visages surtout étaient d'une effrayante pâleur. Henri alors se rappela la tradition de *la ronde des Willis*, jeunes filles abandonnées par leurs *promis* et mortes sans époux, qui, la nuit, dans les bois, dansent entre elles au clair de la lune. La valse s'arrêta un moment, et Henri entendait le bruit des battemens de son cœur. Quelques instans se passèrent à rajuster les couronnes de fleurs, puis on reprit les chants, et c'était encore la valse de Henri que l'on chantait.

Les blanches filles s'enlacèrent deux à deux pour la valse; une resta seule et jeta autour d'elle un long regard pour chercher une compagne; sa taille était souple et élancée, ses cheveux noirs étaient appliqués en bandeau sur son front, ses yeux d'un bleu sombre avaient un regard tendre et mélancolique; elle était couronnée de bruyères blanches :

C'était Anna !

Henri crut qu'il allait mourir.

Anna s'avança vers le buisson qui cachait Henri, et le prit par la main; la main d'Anna était froide comme un marbre.

Henri n'avait pas la force de la suivre; mais une puissance surnaturelle le portait.

On chanta; la valse recommença, et Henri, toujours entraîné malgré lui, valsa avec sa fiancée.

Puis un autre fantôme vint prendre Henri, et valsa avec lui à son tour; à celui-ci succéda un troisième, puis un quatrième; Henri était exténué, une sueur froide coulait sur son front, et il était aussi pâle que les morts.

Une cinquième morte le vint prendre, puis une sixième, et l'on pressait toujours le mouvement de la valse. Henri, épuisé, demi-mort de fatigue autant que d'effroi, voulait se laisser tomber sur l'herbe et ne le pouvait : une force invincible l'entraînait, et il valsait toujours.

L'air ne pouvait plus entrer dans sa poitrine ni en sortir : il étouffait, il voulait crier et il n'avait pas de voix ; alors Anna le reprit à son tour, et l'on pressa encore le mouvement de la valse. Mais Henri sentit que la robe blanche n'était plus remplie que des os d'un squelette ; la main d'Anna, placée sur son épaule, entrait douloureusement dans sa chair ; il la regarda : elle n'avait plus ses cheveux noirs en bandeau ; il ne vit plus qu'une hideuse tête de mort toujours couronnée de bruyères blanches. Il se débattait, et le fantôme l'étreignait dans ses bras et

l'entraînait dans un mouvement de valse d'une rapidité dont rien ne peut donner l'idée. . . . .
. . . .

Le lendemain, on trouva dans la forêt le cadavre de Henri.

VIII.

Dans un vaste atelier sont deux jeunes gens : l'un est debout devant un chevalet et profite des dernières lueurs du jour ; l'autre, étendu sur un divan rouge, fume nonchalamment dans une longue pipe et retourne dans ses mains une lettre non encore décachetée. Tous deux portent des cheveux longs et des moustaches. Demain peut être ils auront la tête et le menton rasés ; après demain ils laisseront repousser la mouche sous la lèvre inférieure.

— Je ne sais pourquoi, dit le fumeur, j'hésite à envelopper cette lettre dans le sort auquel je condamne les autres depuis

deux mois. J'ai quelque regret de la brûler
sans la lire, d'autant que c'est l'écriture de
mon père. Je devine à peu près le contenu
des deux missives qu'il m'a adressées précédemment. La première contenait nécessairement des reproches et des menaces ; la seconde, probablement, des reproches et des
conseils. Il n'est pas impossible que je
trouve dans celle-ci un bon sur la poste.

Parbleu ! ajouta-t-il, après avoir parcouru
les premières lignes, je ne m'étais pas trom-
pé : mon correspondant est chargé de me
remettre cent francs.

— Cent francs ! s'écria l'autre en posant
sa brosse.

— Cent francs, répondit le fumeur.

— Allons, les pères valent mieux que
leur réputation ; pour moi, je n'aurai mon
pain quotidien que lorsque je pourrai dire :
Notre père qui êtes aux cieux.

— En attendant il me fait une recommandation très importante. Mon oncle de l'Ar-

senal est malade ; il me presse de l'aller voir. C'est un oncle à héritage, et je n'y suis allé qu'une seule fois depuis trois ans.

— Tu as tort.

— Il n'est pas difficile d'être sage pour les autres. Je tâcherai d'y aller demain. Mais je ne sais pas trop le chemin.

— Je te ferai une carte.

— Voilà qui est bien.

Le lendemain arrive.

— Je ne partirai pas sans déjeuner.

— Je ne te le conseille pas.

— Qui ira chercher le déjeuner.

— Pas moi, je suis en pantoufles.

— Ni moi, je ne veux pas salir mes bottes avant de me mettre en route. Eugène, tu n'est guère complaisant.

— Et toi, tu n'es guère juste ; c'est moi qui ai fait hier toutes les corvées. Aujourd'hui, c'est à ton tour.

— Ecoute, prenons les fleurets ; le premier touché ira chercher le déjeuner.

On prend les fleurets, on tire; Arthur est touché. Il est convenu que c'est lui qui ira chercher le déjeuner; mais puisqu'on a tant fait que de décrocher les fleurets, les masques et les gants, on ne s'arrêtera pas à une première botte. On tire pendant une heure, on s'arrête essoufflé, exténué. Il faut faire chauffer de l'eau pour ma barbe.

— Oui, et tu as laissé éteindre le feu.

— Il sera bientôt rallumé. Mais nous n'avons pas d'eau.

— Comment! la fontaine est déjà vide?

— Oui, j'ai oublié de refermer le robinet hier soir.

— La cuisine doit être inondée.

— La chose n'est que trop vraie. Je suis bien heureux de m'en être aperçu avant de descendre.

On déjeune, on met de l'eau au feu.

Pendant qu'elle chauffe, Eugène s'est remis à son tableau, Arthur a pris sa pipe et s'est étendu sur le divan.

— Regarde, Eugène, combien j'ai perdu de temps aujourd'hui ; je devrais déjà être loin. C'est décidemment une mauvaise chose que la flânerie. On ne saurait croire combien la mienne m'a déjà fait de tort. Un philosophe a eu bien raison de dire : Faites ce que vous voudriez avoir fait plus tôt que ce que vous voudriez faire.

— Cela est d'autant plus juste à ton égard, dit Eugène en prenant une pipe et en s'assayant près de son camarade, que ce que tu voudrais faire surtout, ce serait ne rien faire.

— Il est vrai que je méprise cette inquiétude qui fait que certaines gens agissent pour agir ; faites quelque chose qui vaille mieux que le repos, ou tenez-vous coi.

— En ce moment, il vaudrait mieux t'habiller que te tenir coi.

— Mon eau n'est pas chaude.

Les deux amis lâchèrent quelques bouffées de tabac, puis Arthur reprit :

— Ce n'est pas que je veuille défendre la flânerie, car l'exorde de mon discours était, s'il t'en souvient, tout à fait contre elle.

Je n'en dirai pas non plus de mal car :

La *paresse* est un don qui vient des immortels.

Les deux amis avaient dans la tête une certaine quantité de citations qu'ils arrangeaient ou dérangeaient en manière d'aphorisme, selon le besoin qu'ils en pouvaient avoir.

— Mais, ajouta-t-il, il faut, pour que la flânerie soit douce, qu'elle soit aussi sans crainte et sans remords, sans peur et sans reproche; il faut avoir conquis le droit de s'y livrer corps et ame, car ce n'est pas la flânerie véritable, la flânerie pure et entière que celle à laquelle s'abandonne le corps tandis que l'esprit le gourmande.

Il se leva et commença sa toilette. Pour une visite aussi peu fréquente et aussi importante que celle qu'il avait à faire, il crut devoir laisser de côté la cravate noire qu'il n'avait pas quittée depuis plusieurs années. Il en plia donc une blanche, et la mit toute disposée sur le dos d'un fauteuil. Mais lors qu'il se fût lavé les mains, il les essuya tranquillement après sa cravate, ne songeant pas que ce morceau de linge blanc pût être autre chose qu'une serviette. Quand il s'en aperçut, il était trop tard, la cravate était entièrement fripée et salie. Il en fallut chercher une autre ; il s'assit pour la plier sur ses genoux. Mais il était si bien sur le divan. Il reprit sa pipe et se mit à fumer. Sa tête reposait mollement sur les coussins... État d'inertie et d'épuisement qui laisse voltiger autour de la tête des pensées légères, bizares, que le moindre souffle dissipe ou métamorphose, comme les nuées de fumée ; et lâche la bride à l'imagination qui, vagabonde, laisse là le corps engourdi sans force pour la suivre ni la retenir ; tel que l'oiseau qui, échappé de sa cage, voltige à l'entour, et semble narguer l'oiseleur stupéfait de sa fuite.

Etat délicieux où le moi disparaît, où l'on assiste à sa propre vie, à ses sensations, à ses joies, à ses douleurs comme à un spectacle, avec cette douce paresse d'un spectateur bien assis ; où on ne peut creuser une pensée triste sans que, malgré vos efforts pour la retenir, elle vous échappe comme l'eau entre les doigts, et se transforme en une figure bouffonne qui, dansant dans la fumée du tabac, vous rit au nez, et vous force à rire

Cependant Arthur part. Sur l'escalier, un homme l'arrête.—M. Arthur est-il chez lui?—Non, il est mort. L'homme redescend devant lui tout étourdi.

— Allons, je suis bien heureux que ce gaillard-là ne me connaisse pas. Il se met en route le long des boulevarts. Il y a bien des choses à voir sur les boulevarts au mois de mars. Les marchands de fleurs ont sur les étalages les premières jacinthes, qui répandent une odeur de printemps. Les femmes, aux premiers rayons du soleil, sortent de leurs fourrures, comme les premières fleurs de leurs calices verts. Il rencontre la voiture à vapeur; il s'arrête à un escamoteur; l'escamoteur commence un tour plus surprenant que tous les autres, mais il ne le finit pas: il en a d'autres à montrer auparavant; puis il donne pour rien un pain de blanc d'Espagne pour nettoyer les chandeliers, à ceux qui voudront bien payer vingt sous une boîte de charbon pour les dents.

— Ce spécifique odontalgique et balsamique est souverain contre la carie des dents. J'offre de faire une expérience publique. — La première personne venue. — Viens ici, simple gamin: Tenez, les dents de cet enfant sont d'un noir parfait; vous mettez sur la brosse un peu de ma poudre, vous l'humectez avec de l'eau, et ne croyez pas que ce soit une eau préparée; l'eau, la première venue, l'eau du ruisseau, vous frottez les dents et les gencives.

Cependant le tour si annoncé ne se fait pas; Arthur, qui l'a attendu une demi-heure, perd patience et s'en va. Mais l'escamoteur court après lui et l'appelle : — Monsieur, monsieur! Tous les yeux sont fixés sur Arthur. Il rougit et s'arrête. Monsieur, dit l'escamoteur, pourquoi m'emportez-vous mes balles. Je n'ai pour vivre que les instrumens de mon métier. Tout le monde entoure Arthur qui, bleu de colère : — Je n'ai pas vos balles, allez vous promener.

— Je demande mille pardon à monsieur, mais il a mes balles dans son chapeau. Arthur ôte son chapeau; l'escamoteur en retire trois énormes balles. Le tour est fait adroitement; tout le monde admire. Arthur a envie de battre l'escamoteur, et s'en fuit. Les incrédules sourient et disent: c'est un compère.

Plus loin est un marchand de briquets phosphoriques.

— Céci est la véritable pâte inflammable. Vous n'avez pas besoin d'allumettes préparées ; vous prenez gros comme rien du tout de ma pâte au bout d'un couteau, au bout de votre canne, au bout de ce que vous voudrez, au bout de n'importe quoi ; le moindre frottement contre une mèche l'allume aussitôt.

Outre l'utilité de ma pâte inflammable, c'est une source d'amusemens honnêtes et récréatifs — l'histoire de rire et de s'amuser en société.

Vous êtes dans le monde, — chez un ministre ; un maladroit veut moucher la chandelle et l'éteint — obscurité complète. Chacun dit la sienne ; on profite de la nuit pour embrasser sa voisine ; mais vous, vous tirez votre briquet, que vous avez toujours sur vous, vous pariez un litre rouge ou blanc avec la maîtresse de la maison que vous rallumerez la chandelle....

Arthur continue sa route ; un homme

l'arrête par le collet de son habit. Cet homme a devant lui un chat-huant et trois innocentes couleuvres, serpens féroces qu'il a, dit-il, apprivoisés. Plusieurs oiseaux, raides et étendus sur le dos, sont instruits à simuler la mort; s'il vous permettait de les toucher, vous verriez que la chose ne leur est que trop facile : cet homme vend du savon à détacher. En vain Arthur veut s'échapper, son ennemi ne lâche pas prise; la foule s'amasse autour d'eux. — Il est impossible de voir une tache plus dégoûtante que celle qui dépare le collet de l'Elbeuf de monsieur. Arthur donne un coup de poing dans l'estomac du dégraisseur, et le fait tomber avec sa table sur les oiseaux et les reptils morts ou vivans, puis il s'enfuit; et pour dérouter les regards, il quitte les boulevarts et prend au hasard une rue qu'il ne connaît pas; elle le conduit dans une autre qui donne dans une autre. Arthur est perdu; il erre, il tourne. Enfin il demande à un commissionnaire où il se trouve : il a fait la moitié du chemin pour retourner chez lui.—C'est l'heure du dîner de mon oncle, je vais rentrer; je n'irai pas aujourd'hui.

Le lendemain, Arthur se leva de grand matin. Il avait perdu un temps prodigieux la veille à faire chauffer de l'eau pour sa barbe ; aujourd'hui il se rasera à l'eau froide. Il est vêtu de deux pantoufles, une à lui, l'autre à Eugène ; une jaune, l'autre rouge ; un vieux pantalon noir taché de couleur et une chemise de nuit complètent le costume.

Le savon est lent à se dissoudre dans l'eau froide ; il devient gluant et glissant, et jaillit de la main serrée pour le retenir, comme un noyau de cerise entre les doigts.

Arthur se baisse et met la main dessus; le savon glisse dans la main et disparaît sous le divan.

Il prend une canne et frappe sous le

divan; la canne rencontre le savon et le chasse violemment; la porte est ouverte, le savon sort; Arthur le poursuit, mais il passe à travers la rampe, et toujours glissant descend d'étage en étage; deux fois Arthur le rattrape et veut le saisir avec le pied; mais il s'élance de plus belle. Arthur descend aussi vite qu'on peut descendre en pantoufle; il passe à côté d'une femme et d'un enfant, et manque de les renverser; il déchire entièrement une manche de sa chemise après un porte-manteau pour battre les habits. Le savon s'est arrêté dans la cour; Arthur va le saisir; une servante, qui lavait à la pompe, vide son baquet, et le ruisseau grossi entraîne le savon par-dessous la porte cochère.

—Cordon! s'il vous plaît. Arthur sort et prend son savon entre les jambes d'un cheval; mais on s'arrête dans la rue pour le regarder. Il s'empresse de rentrer; à chaque étage il rencontre des voisins sortis pour chercher la cause du bruit qu'il faisait en descendant. Les uns rient, les autres haussent les épaules. Arrivé en haut, l'atelier est fermé. Il va frapper, il entend un enfant qui pleure et une femme qui gronde.

— Tiens-toi tranquille; dans une heure tout sera fini et nous nous en irons.

— Ah! mon Dieu! c'est cet affreux petit enfant dont Eugène fait le portrait. Je ne puis me présenter ainsi. Que faire? Une heure avec une chemise incomplète par le temps qu'il fait. Si j'avais une pipe seulement.

Arthur bat la semelle, marche en long et en large. Quand il a épuisé ces plaisirs peu variés, il sort par une lucarne, grimpe sur le toit, et va se chauffer à la fumée d'une cheminée voisine. L'heure se passe longuement; mais il n'est plus temps d'aller chez l'oncle : encore une journée de perdue.

La nuit, Arthur dort à peine pour se réveiller plus sûrement de bonne heure. Il

songe aux raisons qu'il donnera à son oncle pour n'être pas allé le voir depuis si longtemps. Le matin il se réveille; le jour pénètre dans la chambre, sombre et pluvieux.
—Allons, il pleut; je ne sortirai pas.

Quand on se trouve bien au lit, le moindre prétexte paraît suffisant pour y rester. Cependant Arthur se trompe, il ne pleut pas. Un rideau bleu, étendu par Eugène devant la fenêtre, cause son erreur. Il n'y a rien de si triste et de si trompeur que la lumière passant à travers un rideau bleu; il ne faut pas avoir de rideaux bleus.

Il ne pleut pas, bien au contraire; quand Arthur se lève, il est tard.

Le soleil commence à prendre de la force, ses rayons colorent les toits qui semblent le salir.

De la terrasse qui est devant l'atelier on voit quelques toises de ciel, mais on le voit bleu, transparent; on respire un air attiédi et pénétrant; c'est tout ce qu'on sait dans les villes de l'arrivée du printemps. Les plus belles fêtes de la nature ne sont pour le citadin que l'harmonie lointaine d'un bal, pour le pauvre qui meurt de froid à la porte de l'hôtel.

Mais c'est assez pour faire penser que la forêt doit commencer à feuillir, que les hêtres et les érables verdissent les premiers avec l'aubépine; les cerisiers doivent déjà balancer leurs riches panaches de fleurs blanches; les oiseaux d'hiver ont cessé leurs chants secs et aigus; et la fauvette, dans le jeune feuillage des lilas, fait entendre la première sa voix pleine et vibrante.

Sur le bord des rivières doivent fleurir les chatons jaunissans des saules, autour desquels bourdonnent les premières abeilles.

Arthur dit à Eugène : Il faudrait cependant nous occuper de notre jardin. Leur jardin se compose de trois longues caisses placées sur la terrasse.

— Que mettrons-nous cette année dans notre jardin ?

— Pour moi, je ne veux plus de légumes; ta salade de l'été passé était détestable ; d'ailleurs il faut un peu d'ombrage.

— Veux-tu donc des arbres de haute futaie et des taillis?

— Ce ne serait pas si mal.

— Alors, pourquoi n'y mettrait-on pas des sapins; ce serait une chose superbe.

— Sans plaisanterie, nous demeurons assez haut, ce me semble, pour que personne ne s'avise de nous contester le droit d'avoir ici quelques cèdres; le cèdre est ami des montagnes.

— Je veux des fleurs; je mettrai des œillets et des roses rouges que Réné d'Anjou fit voir le premier dans les jardins.

— Il est aussi le premier qui ait cultivé le raisin muscat.

— Si tu m'en crois, nous n'aurons pas plus de vignes que de forêts.

— Comme tu voudras.

— Sais-tu que c'est une gloire comme une autre que d'avoir attaché son souvenir à une fleur?

— C'est une gloire meilleure qu'une autre : elle ne gêne aucune ambition : la terre, l'eau, l'air, et le soleil se chargent de la perpétuer; et j'aimerais à penser que les jeune filles me devraient les bouquets qui embaument leurs cheveux.

— Cela me rappelle qu'un duc de Toscane cultiva le premier jasmin. Malgré ses ordres, un jardinier en fit un bouquet et le donna à sa maîtresse ; celle-ci en planta quelques petites branches qui poussèrent de bouture. Plus tard, elle vendit de beaux bouquets chèrement payés des fleurs de ses jasmins, et elle s'amassa une dot pour épouser son amant.

— La verveine aussi, dit-on, avait le privilège d'ensorceler les filles ; mais on finit par découvrir qu'il fallait, pour qu'elle produisît tout son effet, qu'elle fût présentée par les mains d'un beau garçon.

— Il y a, à propos des tubéreuses, une histoire plus touchante que tout cela :

« Mademoiselle de la Vallière venait d'accoucher. Fille d'honneur de Marie-Thérèse, elle logeait dans une chambre qui faisait partie de l'appartement de la reine, qui evdait la traverser le lendemain pour aller entendre la messe. Quoique mademoiselle de la Vallière eût eu la force de ne jeter aucun cri pendant l'accouchement, on craignait que le tumulte inséparable d'un tel incident n'eût éveillé quelques soupçons. Tout le monde sait que les odeurs sont fort malsaines aux malades. On regardait alors les tubéreuses comme mortelles aux femmes en couche; mademoiselle de la Vallière en fit remplir sa chambre. Le lendemain, la reine passa; personne ne s'avisa de penser qu'elle était la maladie qui retenait au lit la maîtresse du roi. La funeste influence des tubéreuses était tellement connue, qu'il suffisait d'en voir dans sa chambre pour détourner les soupçons les plus fondés. Elle souffrit horriblement et faillit mourir. »

Eugène est seul dans l'atelier, seul avec un modèle qui ne parle ni ne bouge. Arthur est parti de bonne heure ; tout porte à espérer que cette fois il arrivera à l'arsenal.

Eugène cause seul. Tout en peignant, il se donne à lui-même des avis, il se fait des reproches, il s'accorde quelques éloges, il imite les paroles et la voix du maître sous lequel il a étudié. Il entremêle ce monologue de réflexions morales.

— N'abusez pas du bitume — Pourquoi peignez-vous sans appui-main? Il faut avoir ce qu'il faut — allez chercher votre appui-main.

Où diable sont mes appuis-main? je ne trouverai jamais mes appuis-main — il faudrait avoir un rapin pour me donner mes appuis-main.

On n'est jamais *si mal* servi que par soi-même.

Ah! vous prenez cela pour un appui-main! pourquoi ne prenez-vous pas un essieu de voiture— Voilà une bougie allumée, c'est bien; mais qu'est-ce qu'éclaire votre bougie ? Mettez donc des lumières, vous n'osez pas, vous avez peur. Là, là, encore un peu. Ah! maintenant votre bougie éclaire — N'a-busez — pas du bitume. Un peu de cinabre.

Allons, où est mon cinabre?

Qui est-ce qui a pris mon cinabre? dites-moi Georges, dit-il au modèle? est-ce vous qui avez mangé mon cinabre? Il me faut absolument du cinabre. Voici bien du vert. Mais ce n'est pas la même chose. Si j'avais un rapin, il me chercherait mon cinabre. Il faudra décidément que j'aie un rapin.

L'économie est la mère de tous les vices.

Ah! voici mon cinabre! Qui diable s'est avisé de le mettre dans un casque? On dérange tout, ici; on met tout en désordre — qui diable s'est avisé de mettre mon cinabre dans un casque? Allez donc le chercher dans un casque. — Je sais fort bien que je l'avais mis dans une botte à l'écuyère. Allons, se dit-il toujours à lui-même, vous prenez peut-être cela pour un œil; si vous regardiez le modèle, vous ne feriez pas de semblables bévues? qu'est-ce que ce grand œil hébété? abaissez donc la prunelle; là, encore un peu. Puis il chante :

> Que la peinture est difficile !
> Je ne serai jamais qu'un crouton.

Si tout votre tableau ressemble à cette jambe; il faut vous rendre justice, ce sera le plus mauvais du salon, et vous ne ferez pas mal de mettre en bas : *épicier pinxit.*

N'abusez pas du bitume.

Allons, Georges, vous allez vous reposer, moi je vais sortir; je reviendrai dans une heure et demie; si l'on vient me demander, dites que je suis allé découvrir les sources du Niger.

Eugène sort. Un commissionnaire monte

quelques instants après. Il demande Eugène. Georges, qui fume du tabac du Levant dans une pipe turque, le renvoie avec sa lettre.

Cette lettre est d'Arthur.

Voici ce qui lui est arrivé :

Il était sorti, comme nous l'avons dit, de fort bonne heure. Il avait eu faim et était entré dans un café ; au moment de sortir, il s'était aperçu qu'il n'avait pas d'argent. Il s'était fait servir quelque chose et avais écrit à Eugène de chercher sa bourse et de la lui envoyer. Le commissionnaire revient avec la lettre ; comment payer le commissionnaire, comment payer ce qu'il a bu et mangé au café? on ne peut sortir du café sans solder sa dépense, on ne peut renvoyer le commissionnaire sans le récompenser. Il faut garder le commissionnaire et rester au café; il envoie le commissionnaire chez un ami et demande un cinquième verre d'eau sucré.

— Si le commissaire ne trouve pas Robert,

que vais-je faire? Il faut payer cet homme, il faut payer ma dépense ici. C'est très embarrassant.

Une femme passe devant le café, Arthur se précipite à la porte, le chapeau à la main ; cette femme qu'il vient d'apercevoir le préoccupe étrangement. Voici pourquoi :

Sortant un jour de la boutique d'un marchand de bric-à-brac, chargé de deux figures de plâtre, d'un casque antique et d'un parasol chinois, Arthur s'était, dans la rue, trouvé en face d'une femme dont la beauté l'avait frappé — les impressions subites ne sont pas une chimère. D'un coup d'œil Arthur fut amoureux, malheureux, jaloux. Les plâtres lui échappèrent quasiment des bras; il voulut suivre l'inconnue, mais chargé comme un porte-faix, sale de poussière et de plâtre, il avait été forcé d'abandonner ce projet au cinquième pas.

Il resta triste et rêveur pendant trois

jours. Une chose l'affligeait surtout : il devait avoir produit sur l'esprit de cette femme une impression toute contraire à celle qu'il avait reçue d'elle. Son accoutrement était ridicule, son admiration stupide. Pendant quinze jours il ne sortit plus qu'en grande toilette; si l'on jouait une pièce nouvelle, il allait au théâtre; si un rayon de soleil se glissait à travers les nuées grises de novembre, il allait se promener aux Tuileries, cherchant sous tous les chapeaux les yeux bleus de son inconnue. Il voulait réparer l'impression défavorable qu'il pensait avoir produite, et s'élever au moins vis-à-vis d'elle au niveau des indifférens et des gens qu'elle n'avait jamais vus.

A deux mois de là, il l'avait une seconde fois aperçue dans un théâtre, mais elle était fort éloignée de lui, et quoi qu'il pût faire, il n'avait pas réussi à attirer son attention sur sa personne qui, ce jour-là, était tout à fait coquette et bien arrangée. En rentrant, il avait fait son portrait de mémoire, et la vue continuelle de cette image n'avait pas peu contribué à entretenir dans son esprit une passion passablement extravagante. Depuis il ne l'avait jamais rencontrée, quelques recherches qu'il eût faites. Quelquefois il avait suivi des heures entières des femmes inconnues, sous prétexte qu'elles avaient dans la taille et dans la tournure quelques rapports avec sa *bien-aimée* ou qu'elles portaient un schall bleu. Les deux seules fois qu'il l'avait aperçue, elle était enveloppée d'un grand cachemire de cette couleur.

Du reste, il faisait fort assidûment la cour au portrait, et il plaçait devant lui de beaux bouquets chaque fois qu'il rentrait. La cherchant toujours et ne la voyant jamais, il était arrivé à un point d'adoration tel, que s'il l'eût rencontrée par hasard et qu'il eût réussi à se faire aimer d'elle, lui ne l'aurait pas aimée long-temps. Il avait juché son idole sur un piédestal si élevé, qu'elle n'en aurait pu descendre sans se briser. Avec de l'imagination et des obstacles, on peut toujours adorer une femme; il n'est pas aussi facile de l'aimer. On n'adore la plupart des femmes que faute de les pouvoir aimer. Non que nous prétendions dire du mal des illusions; loin de là, nous avons souvent pensé qu'il n'y a de beau dans la vie que ce qui n'y est pas, c'est-à-dire que la vie nue, dépouillée des riches couleurs que lui prête le le prisme de l'imagination, ne vaut guère la peine qu'on la vive, et ressemble à un papillon dont les ailes, froissées par une main maladroite, ont perdu leur brillante poussière écailleuse.

Tuer les illusions, c'est borner le monde à notre horizon, c'est rétrécir le cercle de nos sensations à la largeur de nos bras étendus; c'est, à l'exemple de l'Ephore spartiate, couper deux cordes de la lyre; c'est, comme le tyran de Syracuse, jeter à la mer sa plus belle bague; c'est se mutiler comme Origène.

Ainsi, en reconnaissant sous un chapeau noir, et à travers un voile de la même couleur, les grands yeux bleus de l'inconnue, Arthur s'était précipité sur la porte du café; mais au moment de la franchir, il se rappela tout à coup qu'il n'avait pas payé et ne pouvait payer ce qu'il avait pris, et qu'en le voyant sortir, surtout d'un pas aussi rapide, on ne manquerait pas de le prendre pour un voleur qui avait voulu déjeuner aux dépens du limonadier.

Il retourna à sa place, demanda un sixième verre d'eau sucrée, et fit semblant de lire un journal.

Enfin, un homme entra en riant dans le café, c'était l'ami auquel Arthur avait écrit de venir le tirer d'embarras. Il lui offrit sa bourse; Arthur paya le commissionnaire et ses innombrables verres d'eau sucrée

Mon cher ami, dit le nouvel arrivé, puisque je paie ton déjeuner, permets-moi de subvenir également à ta nourriture du reste du jour, et viens souper avec nous.

Des circonstances amenées par la rencontre de cet ami, un amour qui amena un voyage, un voyage qui amena une brouille, une brouille qui amena un retour, tout cela prit bien du temps. . . . .
. . . .
. . . .
. . . .

En route Arthur songe à son inconnue, et rentré à l'atelier, remplace par un bouquet de bruyère rose et de genêt doré, le bouquet depuis long-temps flétri qui décorait son portrait.

— Parbleu! dit Arthur, il faut que j'aille chez mon oncle.

Arthur rentre au moment où Eugène allait dîner seul.

— Eh bien?

— Eh bien?

— As-tu vu ton oncle?

— Non.

— Comment cela ?

— Le boulevart m'a encore une fois été funeste. Je me suis arrêté à voir *une géante polonaise* lors de la guerre de Pologne, *belge* pendant le siége d'Anvers ; voici ce que j'ai lu sur l'affiche : *Le roi ayant appris ce qu'on disait de sa merveilleuse beauté, l'a voulu voir et a déclaré que c'était à juste titre qu'on la surnommait la reine des géantes.*

Fort du suffrage du roi, je suis entré, et j'ai eu l'honneur d'être distingué par la reine des géantes.

— Ah !

— Devant tout le public rassemblé, elle m'a dit : Si monsieur, qui est d'une riche taille, veut se placer à côté de moi, on verra qu'il ne me va pas à l'épaule.

Je me suis gravement juché sur son estrade, et je suis resté près d'elle aussi longtemps qu'elle l'a jugé convenable.

— Ah ! dit Arthur en soupirant, j'ai vu

quelque chose qui m'a plus intéressé que tout cela.

— J'étais arrêté près d'un escamoteur; il avait besoin d'une montre pour une métamorphose. J'avais prêté la mienne; et je t'assure que le tour est très drôle; mais comme je le regardais opérer, une femme passe près du groupe; une femme enveloppée d'un cachemire bleu. Cette femme, c'était mon inconnue, je veux la suivre; elle marchait sur les boulevarts, précisément dans le sens de ma route pour aller chez mon oncle. Mais je ne pouvais pas laisser ma montre dans les mains de l'escamoteur. Je m'avance vers lui : Ma montre...

— Monsieur, dans un instant.

— Je veux m'en aller.

— C'est l'affaire de cinq minutes.

— Je n'en ai pas une à perdre.

Tout le cercle murmure et m'invective.

— Avez-vous peur que je vous vole votre montre?

— Vous êtes un drôle.

— Eh bien! prenez-la dans le gobelet où je l'ai mise.

Je mets la main dans le gobelet! J'en tire un gros ognon. Tout le monde rit; tout cramoisi je demande encore ma montre et je m'enfuis avec. Mais l'inconnue a disparu. Si elle était restée sur le boulevart, la ligne est droite; je la verrais; un cabriolet vient de partir, je le suis, je le poursuis. Il faut avoir du malheur, le cheval trottait parfaitement. Hors d'haleine, je le devance, mais il n'y avait dedans qu'un homme à lunettes bleues.

Arthur reçut une lettre de son père. Dans cette lettre, il y avait ce passage : « Envoie-moi des nouvelles de ton oncle que l'on disait si mal; je ne te demande pas si tu l'as vu, car ton cœur, nos intérêts, le respect humain, sans compter le conseil que je t'en avais donné, tout t'en faisait une loi, etc. »

J'irai demain, quand il pleuvrait des vieilles femmes, s'écria Arthur.......

....

Six semaines après, Arthur arriva à l'Arsenal; la maison de son oncle était tendue de noir, on venait de mettre le corps sur le corbillard, tout le monde montait dans les voitures de deuil; Arthur fut atterré; cependant quelques minutes de réflexion lui firent voir qu'il ne lui arrivait rien que de très ordinaire et tout à fait conforme à la marche naturelle des choses; trois personnes dont les figures ne lui étaient pas inconnues lui firent du geste l'invitation de monter avec elles dans la dernière voiture; Arthur monta et suivit d'abord à l'église, puis au cimetière sans dire mot. Seulement, il lui venait bien à l'esprit quelques remords de n'avoir pas vu son oncle à son heure suprême. On arriva ; après cette cérémonie toujours triste, même pour les indifférens, après qu'on eut descendu le cercueil dans la fosse, et qu'on l'eut recouvert de quelques pellées de terre qui retentirent sourdement sur le sapin, un monsieur, vêtu de noir, s'avança qui se moucha et d'une voix émue autant par l'embarras de parler en public que par la douleur, prononça l'éloge du défunt.

Cette figure encore n'était pas inconnue à Arthur; il lui vint en l'esprit que ce jeune homme, moins étourdi ou plus heureux que lui, était probablement l'héritier de son oncle.

. . . . « Messieurs, dit l'orateur,
« surtout à propos de la mort, on peut dire
« que c'est pour celui qui reste que l'ab-
« sence a le plus d'amertume; l'homme que
« nous regrettons va occuper dans le ciel la
« place que lui ont conquise ses vertus; et
« nous, nous restons ici-bas pour le pleu-
« rer. »

Il n'y a pas de doute, pensa Arthur, mon oncle lui a donné sa terre de Bayeux.

« Personne, continue l'héritier, ne pra-
« tiqua mieux ce précepte de l'Evangile :
« Que votre main gauche ignore ce que
« donne votre main droite. C'est pour cela
« que les pauvres, ignorant de qui leur
« sont venus les nombreux bienfaits qu'il a
« répandus dans sa vie, ne sont pas accou-
« rus ici pour humecter cette terre de leurs
« larmes. »

— Il a aussi la maison de Paris, se dit Arthur.

« A quelques personnes, ses facultés mo-
« rales ont paru baisser ; c'est que sa vie
« était finie dans ce monde, et qu'il com-
« mençait l'enfance d'une autre vie. »

— Je ne donnerais pas cinq sous, dit tout bas Arthur, de ce que mon oncle m'a laissé de ses rentes sur l'État.

« C'était l'enfance de l'immortalité..... »

— Il ne me reste pas même les *actions des canaux*.

On remonta en voiture. Les trois compagnons d'Arthur parlaient de leurs affaires;

Arthur ne parlait pas. Cette scène de mort l'attristait; et aussi, à vrai dire, la pensée que le travail de toute sa vie ne suppléerait pas l'héritage qu'il avait perdu par sa faute; il descendit de voiture et continua sa route à pied. Comme il traversait le boulevart, quelques personnes étaient arrêtées; et qui ne s'est arrêté quelquefois pour moins encore ? à regarder un postillon qui rattachait un trait rompu par ses chevaux. Arthur machinalement s'arrêta comme les autres. Comme il regardait, un homme lui frappa sur l'épaule; Arthur se retourna; c'était son oncle.

Arthur pâlit et fut quelques instans immobile et glacé, puis il sauta au cou de son oncle et l'embrassa.

J'aimerais mieux, dit l'oncle, que tu m'embrassasses moins fort et plus souvent.

Arthur l'embrassa encore; mais il y avait dans ses mouvemens quelque chose de convulsif : — Comment, c'est vous, vous dans mes bras, mais c'est impossible !

— Il n'y a rien de si simple, je vais à Bayeux pour le reste de la belle saison.

— Mais, mon oncle, je viens...

— De chez moi peut-être ; on enterre ce pauvre Dubois, mon voisin, celui que tu as vu si souvent chez moi...

— Quoi, ce n'était pas vous ?

— Comment moi !

— Il y a quatre heures que je vous pleure.

L'oncle laissa échapper un éclat de rire. Je vais à Bayeux marier ta cousine.

— Quelle cousine ?

— La fille de la sœur de ta mère, de ma seconde sœur ; elle est chez moi depuis un an.

— De ma tante Marthe ?

— Précisément ; elle ne connaît pas son prétendu, mais j'ai arrangé cela par lettre ; elle sera très heureuse.

Le postillon avait fini ; l'oncle monta dans la chaise et dit ; baise la main de ta cousine que tu ne reverras peut-être jamais, car son mari reste dans ses terres qu'il fait valoir. Arthur baisa une petite main qui sortit de la chaise sur l'invitation de l'oncle, puis leva les yeux et reconnut le doux visage de l'inconnue au cachemire bleu. Le schall bleu l'enveloppait encore; la chaise partit et Arthur resta sans rien voir ni rien entendre, jusqu'à ce qu'elle fût perdue dans la brume qui descend vers la fin du jour.

IX.

Tout le monde écrit ; la partie du public qui n'écrit pas encore à un cousin, un bottier ou une fille homme de lettres. Il en est du public comme des nègres ; quelques blancs au milieu d'eux ont, par leur alliance avec les négresses, engendré des mulâtres, qui ont engendré des quarterons, qui ont engendré des métis. L'homme de lettres a prodigieusement déteint au dehors, et comme il arrive toujours en pareil cas, c'est la plus grossière partie de la substance colorante qui est la moins adhérente et se communique le plus aisément par le contact ; ce qui donc déteint le plus vite de l'homme de lettres sur ceux qui l'entourent, c'est la lassitude, le dégoût, le dédain en partie réel, en partie affecté, dédain provenant de la funeste habitude de faire quotidiennement l'autopsie des plaisirs, de voir les décorations par derrière et les acteurs au soleil.

Pour suivre notre comparaison, le mulâtre a coutume d'être plus blanc que le blanc lui-même, c'est-à-dire qu'il pousse beaucoup plus loin l'orgueil de la peau et l'aristocratie de la couleur; il en est de même d'une foule de quasi hommes de lettre, qui se parent avec bonheur d'une infirmité dont le critique est tôt ou tard atteint, à savoir, de cette inaptitude à se laisser amuser qui décèle l'homme blasé. Le critique est misérablement entouré de ces gens-là; si les mulâtres se croient des blancs, les blancs, en revanche, les prennent pour des nègres, et jugeant des impressions du public par celles de ces hommes qui reflètent leurs propres impressions, les critiques proclamant le public blasé, dégoûté, ennuyé.

Il faudrait traverser une armée assez nombreuse d'écrivains, de quasi écrivains, de futurs écrivains, de cousins d'écrivains, avant d'arriver au public; le critique est comme un prince entouré de sa cour; il ne connaît le peuple que par ouï-dire : il prend pour le peuple ses courtisans qui ne sont que son propre reflet; et il en arrive à croire que le peuple digère quand lui prince a dîné.

Ce public existe cependant, le vrai public; le public amusable, naïf, spirituellement crédule, complice de tout ce qu'on veut faire pour l'amuser; public qui emprisonné vingt-six jours par mois dans les habitudes, les devoirs, les exigences de la famille ou de la profession, ne se livre guère qu'une fois par semaine aux émotions extérieures des arts, de la littérature et du théâtre; et qui, par un calcul facile, si l'homme de lettres est blasé à trente ans, ne le serait qu'à deux cent dix ans, et a le bonheur de mourir presque toujours cent-cinquante ans avant d'en venir à cet état déplorable.

Quoique ce peuple soit moins nombreux qu'autrefois, il manifeste de temps à autre son existence; il aime encore le théâtre et il l'aimera toujours, il est éternel, ou, du moins se renouvelle de lui-même avec ses mêmes goûts, ses mêmes antipathies, ses mêmes amours, ses mêmes sensations.

Ce public est toujours le même. Depuis qu'il y a des théâtres, il est des choses qui, répétées cent mille fois, ont été cent mille fois applaudies; jamais on ne s'est embrassé ou battu sur la scène sans exciter des tonnerres de bravos; jamais on n'a fait une plaisanterie sur les maris trompés, sans que la scène fût interrompue par des trépignemens de joie; jamais une allusion satirique au pouvoir n'a passé sans être *bissée*. Faites chanter ou vous voudrez et par qui vous voudrez un couplet où vous direz : « Un père est toujours père ! » et ce public pleurera de joie, même quand le matin il aurait roué de coups son fils et sa fille.

Sérieusement, il est encore un public et un public nombreux qui n'a pas de plus grand plaisir que le théâtre, qui arrive au spectacle sans se prévenir à l'avance et se présenter hostile au plaisir qu'il vient y chercher; un public qui ne voit que Buridan et Marguerite, et ne s'inquiète ni de mademoiselle Georges, ni de M. Boccage; un public qui lapiderait volontiers le traître, et se battrait pour l'innocent accusé; un public non blasé, spirituel, bienveillant, ami de son propre plaisir.

Ce public n'est pas l'esclave du feuilleton: il s'en rapporte à lui-même pour savoir si telle ou telle pièce l'amuse ou l'ennuie; si tel ou tel drame l'intéresse ou le dégoûte. Il lit les feuilletons parce que plusieurs sont spirituels ou amusans; mais c'est pour lui un plaisir du matin, comme le théâtre est un plaisir du soir.

D'ailleurs, le feuilleton n'est plus qu'un prétexte pour écrire un certain nombre de lignes plus ou moins spirituelles. De notre temps, il a vécu sur deux ou trois paradoxes : la prééminence de Debureau sur tous les acteurs du monde, et la guerre à mort à tous les vaudevillistes ont fait jaillir de la plume de M. Janin des myriades d'étincelles. On a imité M. Janin plus ou moins malheureusement, et nous n'avons plus que le feuilleton négatif, c'est-à-dire que la critique semble n'avoir pour but que d'éloigner le public du théâtre.

Nous ne comprenons pas que l'on traite aussi légèrement le plaisir; c'est, selon nous, la seule chose qui mérite d'être prise au sérieux.

Quand, à force d'initier le public à leurs ennuis et à leurs dégoûts, les critiques auront réussi à le détourner du théâtre, que lui donneront-ils à la place ?

O critiques ! les directeurs, les auteurs, les régisseurs, les actrices, les contrôleurs, les comparses, les figurans, les figurantes, les habilleuses, les coiffeurs, les tailleurs, les couturières, les modistes, vous demanderont compte de leur public.

Le public vous obligera de suppléer le plaisir que vous lui aurez enlevé; il vous faudra l'amuser par des bêtises comme Odry, par de la sottise comme Arnal, par de la charge comme Serres, par de la comédie comme Bouffé; il vous faudra être tragiques comme mademoiselle Georges, spirituels comme madame Brohan, gracieux comme mademoiselle Mars, entraînans comme madame Dorval; il vous faudra danser sur la corde, faire de la voltige à cheval, avaler des sabres, danser, chanter, mimer.

Car, nous le répétons, le plaisir est une chose importante. Quand il s'agit de politique, on permet facilement aux novateurs de déraciner le vieil arbre qui nous donnait de l'ombre, avant même d'en avoir planté un autre. Le public ne sera pas d'aussi bonne composition sur ses plaisirs que sur ses intérêts.

Mais quoi que vous fassiez, il y aura toujours des théâtres pour le public, et toujours un public pour les théâtres. Les Romains ne demandaient que du pain et des spectacles; en France on renverse la phrase, on veut des spectacles d'abord et du pain ensuite et accessoirement. Il y a des peuples qui n'ont ni pain, ni Dieu, ni culottes; il n'y a pas de peuple qui n'ait point de spectacles.

C'est une bonne chose de pouvoir chaque soir sortir de sa vie pour entrer dans une autre; changer de chagrins, d'ennuis et même de plaisirs pour quelques heures; c'est au théâtre qu'est né le rire éclatant, et ce n'est guère que là qu'on le retrouve dans la vie sérieuse et positive que nous nous sommes faite; c'est au théâtre que l'on répand de douces larmes sur des malheurs imaginaires, c'est autant de moins qui reste à verser sur nos propres et réelles infortunes. Le théâtre nous distrait de la vie. Le théâtre et le public resteront l'un pour l'autre, et tous deux autant que le monde.

X

Un matin du mois de juillet, lors de la pleine lune, c'était, comme on dit, *grande mer*, c'est-à-dire que la mer, à chaque marée, montait et descendait plus que de coutume. Il était trois heures du matin; le jour ne faisait que poindre; il n'y avait au levant qu'une légère bande d'un jaune pâle, et déjà au couchant les nuées reflétaient les premiers rayons du soleil qui ne paraissait pas encore; se colorant, les nuées claires, de rose, les nuées sombres, de lilas.

Romain et Geneviève se rencontrèrent sous la falaise d'Antifer, car la mer alors laissait le galet à découvert. Geneviève portait un filet à salicoques, à peu près semblable à ceux avec lesquels les enfans poursuivent les papillons dans les luzernes fleuries. Romain n'était venu là que pour rencontrer Geneviève.

— Ma pauvre Geneviève, dit Romain, le malheur s'acharne après moi. Je m'attends à voir un de ces jours les marins me fuir comme un chien fou, et refuser même, quelque matin, de boire le genièvre avec moi. Voici deux ans que je vais à la pêche du hareng, et deux ans que le bateau sur lequel je suis ne prend pas de quoi réparer les avaries des filets. Au lieu de gagner de l'argent pour nous marier, je m'endette et gâte mes affaires. J'ai résolu de risquer quelque chose. On arme à Fécamp un bateau pour le banc de Terre-Neuve. Ces voyages sont longs et chanceux; mais il y a un bateau qui rapporte onze ou douze cents francs à l'homme : nous serions riches tout d'un coup.

— Romain, reprit Geneviève, il n'y a guère d'années où il ne se perde quelques bâtimens en revenant du banc ; songe aux mortelles transes dans lesquelles je passerais le temps du voyage ; songe que je mourrais de chagrin si je ne devais plus te revoir. Si le malheur te poursuit, ne le brave pas ; nous n'avons pas besoin d'être riches : les plus durs travaux ne me feront pas peur si je les partage avec toi ; je sais faire et raccommoder les seines ; je ne reculerai devant aucune fatigue.

— Non, dit Romain, j'aime à te voir brave et bien vêtue ; je ne pourrais te voir exténuée par un travail au-dessus de tes forces. Il faut courir encore une chance : j'irai au banc ; tu prieras pour moi, et le bon Dieu nous protégera tous deux. Ne cherche pas à me décourager ; ma résolution est invariablement prise : je partirai.

Geneviève savait que Romain ne revenait guère sur une résolution arrêtée ; elle leva les yeux au ciel, lui serra la main, et tous deux reprirent le chemin d'Etretat.

Geneviève ne disait rien, mais elle était triste. Romain lui dit : — Je ne partirai pas seul : Samuel Aubry vient avec moi.

Quelques jours après, Romain, revenant de Fécamp, dit à Geneviève : — Je pars dans une semaine; le bateau est *paré*.

Samuel Aubry alla par hasard le soir fumer une pipe avec le père de Geneviève.

— Eh bien! Samuel Aubry, lui dit Geneviève, vous partez donc dans une semaine?

— Non pas moi, répondit-il.

— N'allez-vous donc pas au banc avec Romain? reprit-elle.

— Je ne suis pas si fou, dit Samuel Aubry.

Il s'aperçut alors qu'il en avait trop dit, car il avait promis à Romain de ne pas rapporter ce qu'on leur avait appris à Fécamp; mais Geneviève insista de telle sorte, qu'il lui avoua ce qui lui était arrivé.

— Je ne comprenais pas trop, dit-il, pourquoi l'on cherchait des marins pour l'équipage du *Triton*, à Yport, à Etretat et partout, quand Fécamp, Dieu merci, ne manque pas de bons et solides matelots. Lorsque nous sommes allés, avec Romain, pour signer notre engagement, nous avons tout découvert : c'est qu'aucun marin de Fécamp ne veut monter *le Triton*, et ils ont si bien raison, que, m'offrît-on trois parts et un lot de filets, je n'y laisserais pas voyager même mon palletot.

— Qu'est-ce donc? dit Geneviève. —

— Peu de chose, reprit Samuel Aubry; seulement je ne parierais pas une mesure de harengs gays pour la vie de ceux qui partiront. Quand on a lancé le bateau dans le bassin, la proue s'est tournée du côté d'Yport, et le bâtiment a présenté la poupe à la chapelle de la Vierge. Vous pensez bien aussi que tous les engagemens contractés à l'avance se sont trouvés rompus par ce fait, et qu'il a fallu que les armateurs se donnassent un peu de peine pour armer le bateau.

— Et Romain a-t-il donc signé ? demanda Geneviève toute pâle.

— Romain a signé, répondit Samuel Aubry. Vous savez comme moi que c'est un opiniâtre, et qu'on ne peut lui ôter ce qu'il a dans la tête.

Quels que fussent, en effet, les conseils des amis de Romain et les supplications de Geneviève, Romain persista dans son dessein. La veille de son départ, Geneviève et ses amis l'accompagnèrent jusqu'à Fécamp. Après la messe, on descendit vers la mer, le curé en tête, pour bénir le bâtiment. Arrivés au rivage, hommes et femmes entonnèrent à haute voix le cantique des marins, si connu sur toute la côte de Normandie, et dont retentissent depuis si longtemps les églises gothiques aux grandes fêtes :

Vierge sainte, exaucez-nous !
Notre espoir est tout en vous ;
Chère dame de la Garde,
Très digne mère de Dieu,
Soyez notre sauve-garde,
Pour nous défendre en tout lieu.

Si vous daignez nous garder,
Nous pourrons tout hasarder ;
Quelque effort que le Turc fasse,
Nous nous moquerons de lui
En abattant son audace
Par votre invincible appui.

Qu'aucun écumeur de mer
Ne puisse nous alarmer ;
Que nos vaisseaux, nos galères
Et tout autre bâtiment
Puissent, malgré les corsaires,
Naviguer heureusement.

Soutenez de votre bras
Et nos vergues et nos mâts ;
Fortifiez le cordage,
Les câbles et les haubans,
Pour faire tête à l'orage
Parmi la fureur des vents.

VENDREDI SOIR.

Conservez-nous l'artimon,
La boussole et le timon.
Lorsque nous courons fortune
Au gré des vents et des flots,
Tendez la main, blanche lune,
Au besoin de vos dévots.

Claire étoile de la mer,
Montrez-vous dans le danger ;
Dans la nuit la plus obscure,
Servez de phare et de nord
A ceux qui sous votre augure
Espèrent de prendre port.

Conservez à tous momens
Tous nos pauvres bâtimens.
Faites que pas un n'échoue,
Quand les écueils et les flots
Font trembler de poupe en proue
Les chefs et les matelots.

Conservez-nous la santé,
La vie et la liberté ;
Soyez notre ancre maîtresse,
Si l'ancre vient à chasser,
Et donnez-nous quelque adresse
Qui puisse nous préserver.

Suppliez votre cher Fils
Qu'il bénisse nos profits ;
Ajoutez au bon passage
Un heureux et prompt retour,
Et nous vous rendrons hommage
Avec sentiment d'amour.

Puis tout le monde se mit à genoux, et le prêtre dit au bâtiment : *Sois béni, toi et tous ceux que tu portes !* puis il fit le signe de la croix et jeta de l'eau bénite sur le pont, dans la cale et sur les cordages.

. . . .

Six mois après tous les navires rentrèrent, à l'exception du *Triton.*

Un bruit sourd se répandit que *le Triton* s'était perdu avant d'arriver au Banc, car aucun autre bâtiment ne l'avait rencontré.

Un navire apporta au Havre une bouteille cachetée qu'il avait trouvée flottant sur la mer ; elle contenait ces mots :

« L'équipage du *Triton*, réduit à sept
« hommes, sans espoir de secours, démâté,

« avec deux voies d'eau, se recommande
« aux prières des chrétiens.

« Jean Mehom, Pierre Mehom, André Mar-
« tin; Onésisme Romain, Nicolas Moreau,
« Jean Moreau, Jérôme Toussaint. »

On dit alors des messes pour le repos de
l'ame des pauvres matelots trépassés. En
effet, le sinistre avait eu lieu, comme la
date l'annonçait, avant l'arrivée au Banc.

C'est une mort terrible que celle du marin : ce n'est plus cette mort à laquelle on
s'essaie toute la vie par le sommeil de chaque jour ; ce n'est plus cette mort qui consiste à s'endormir une fois de plus sur l'oreil-
ler où l'on s'endormait depuis cinquante ans.
C'est une mort mêlée de rage, de lutte, de
désespoir, de blasphème ; on n'est pas préparé par l'affaiblissement successif des organes, on n'arrive pas à la mort par des tran-
sitions imperceptibles ; ce n'est pas un
dernier fil qui se brise, ce sont tous les

liens qu'il faut rompre à la fois : on meurt au milieu de la force, de la santé, de la vie.

Un soir, il faisait un triste temps ; le vent soufflait du sud-ouest, la mer montait, les lames venaient du large et s'avançaient jusque dans les rues d'Etretat. On entendait au loin rouler le galet comme un bruit de chaînes ; à l'horizon la mer s'enflait et paraissait aussi haute que les falaises.

Tous les pêcheurs étaient rentrés de bonne heure et avaient hissé, à force de bras et de cabestans, leurs bateaux jusqu'au-delà des premières maisons.

Geneviève pleurait, car depuis la perte de Romain elle n'avait pas eu un moment de joie, et la tempête lui représentait, sous les plus sombres couleurs, la cruelle fin de son amant.

— Je plains en ce moment, dit Samuel Aubry, ceux qui se sont mis à la mer sans obéir aux pressentimens que le ciel ne manque jamais de donner aux chrétiens. Si mon pauvre cousin Onésime avait voulu m'écouter, il serait, à l'heure qu'il est, tranquillement assis près du feu avec nous, et j'aurais le plaisir de choquer mon verre contre le sien.

— Pauvre Romain! dit Geneviève.

— Samuel Aubry, dit le père de Geneviève, ne vois-tu pas que Geneviève étouffe de chagrin, et que les souvenirs que tu lui rappelles en sont cause?

— Vous avez raison, maître Jean, dit Samuel Aubry; aussi vais-je boire ce verre de cidre à la mémoire de mon pauvre cousin Romain et n'en plus parler.

En ce moment un coup de vent ébranla la maison; tout le monde se rapprocha du foyer; un coup retentit sur la porte.

— C'est le vent, dit maître Jean.

— C'est le vent, dit Samuel Aubry.

— C'est le vent, dit la mère de Geneviève.

Geneviève ouvrit la porte et s'écria:

— C'est Romain !

Elle tomba sur le carreau.

C'était en effet Romain, recueilli seul de son équipage par un bâtiment chargé pour une lointaine destination : il arrivait d'Amérique.. . . . .

. . . .,

—

Depuis le retour de Romain, ses affaires avaient pris une meilleure tournure; il avait établi un parc sur la plage. Ce sont des perches plantées circulairement dans le roc; sur ces perches on tend des filets : à la marée haute, la mer couvre la plage et cache les perches; mais en se retirant, elle laisse dans les filets des poissons de toutes sortes qu'on va ramasser à la marée basse.

Le parc de Romain lui avait rapporté assez d'argent, et l'on allait publier ses bans avec Geneviève, quand arriva l'époque de la conscription

Plusieurs jeunes gens du bourg furent désignés, et entre autres Samuel Aubry et Onésime Romain.

Les deux cousins furent également désespérés. Romain surtout se voyait enlever à un bonheur qu'il allait atteindre après tant de traverses et de chagrins. Il fut écrasé et anéanti.

—Encore, dit-il, si l'on nous menait sur la mer : c'est une vie, ce sont des dangers auxquels nous sommes habitués ; mais faire de nous des soldats, nous faire manœuvrer avec de lourds fusils, avec des habits serrés et incommodes ; nous entasser dans des casernes malsaines, nous, accoutumés à vivre dans le vent : c'est pour nous faire mourir. Et puis quitter Geneviève ; Geneviève que j'ai eu le bonheur de revoir après un naufrage auquel j'ai échappé seul de tout un équipage. Quitter Geneviève !... Et si je reviens, revenir avec une jambe ou un bras de moins, et une balafre sur le visage. Me battre pour des querelles dont j'ignore la cause, et dont les résultats seront pour d'autres !

Samuel Aubry formulait ses plaintes à peu près de la même manière ; seulement la conclusion pour tous deux était différente.

— C'est bien triste d'être soldat, disait Samuel Aubry.

— Je ne serai pas soldat, disait Onésime Romain.

A cette époque, c'était sous l'Empire, on ne laissait pas vieillir les jeunes soldats dans leurs foyers. On ne tarda pas à envoyer l'ordre de rejoindre le corps auquel chacun était attaché.

Romain était le plus triste de tous, et cependant seul il ne pleurait pas. Pendant que tout le monde était allé à la mairie prendre chacun sa feuille de route, Romain était allé attendre la nuit chez Geneviève. Au crépuscule, il gagna la falaise par des détours, descendit par une avallure taillée à pic dans la falaise ; puis attendit dans une grotte que la mer fût tout à fait basse. Quand elle fut basse, il put passer au pied d'une partie de falaise qui s'avançait dans la mer ; puis on n'entendit plus parler de lui.

Pour Samuel Aubry, il fut soldat comme tout le monde : on le mit dans la cavalerie. Long-temps il ne pouvait s'empêcher de se retenir au pommeau de sa selle, à la crinière ou aux oreilles du cheval ; puis il prit un peu d'aplomb. D'abord le bruit du canon le frappa de torpeur ; s'il avait été seul, il se serait affaissé à la place où il était, sans avancer ni reculer ; mais son cheval suivait les autres, et les autres le poussaient. Puis l'odeur de la poudre et le bruit le grisèrent ; il tira son coup de mousqueton au hasard et en fermant les yeux.

Il finit par s'accoutumer à tout cela, et son colonel le prit pour son domestique ; il pansait trois chevaux, cirait les bottes, astiquait le fourniment, et était exempt de service; de plus, il ne sortait pas sans avoir la poche garnie.

Laissons-le cueillir des lauriers.

—

Un soir, des marins, en revenant de la pêche, aperçurent une flamme qui sortait de la falaise, à peu près à une distance du sol de deux cents pieds. La flamme s'éteignit avant qu'ils eussent atteint la plage, et il leur fut impossible de reconnaître de quel endroit elle partait. Mais ils parlèrent de ce qu'ils avaient vu; d'autres pêcheurs se rappelèrent avoir vu la même chose : on en causa; les douaniers pensèrent que ce devait être un signal pour les contrebandiers; ils profitèrent du premier quartier de la lune, époque où il y a une marée basse vers dix heures du soir, pour observer sous les falaises.

Plusieurs nuits se passèrent en observations infructueuses.

Un matin, on vit un homme sortir, avec de grandes précautions, de la maison de Geneviève, puis courir et disparaître par l'avallure qui conduisait sous la falaise d'amont.

On surveilla la maison de Geneviève, et plusieurs fois on en vit sortir le même homme; un jour, on reconnut que cet homme était Onésime Romain. On sut bientôt que c'était également lui qui allumait du feu dans la falaise, où il s'était réfugié dans une grotte depuis le départ des jeunes soldats; on envoya un exprès au sous-préfet pour savoir quelle conduite on devait tenir à son égard.

Romain, averti par Geneviève, passa trois nuits à entasser des vivres dans sa caverne, puis à rompre le chemin presque impossible qui lui avait permis de monter jusque-là. Le jour où arriva l'ordre de s'emparer de Romain, il s'enferma dans sa retraite et n'en sortit plus. La nuit, Geneviève, au moyen d'une corde, allait lui descendre d'en haut de la falaise du pain et de l'eau. Mais on ne tarda pas à surveiller la pauvre fille de si près qu'elle fut obligée de cesser ses voyages nocturnes.

On fit avec des porte-voix plusieurs sommations à Romain de descendre : il répondit qu'il ne voulait pas être soldat; on lui dit que s'il ne voulait pas descendre, on le prendrait et on le fusillerait : il répliqua qu'il aimait mieux mourir que d'être soldat. On tenta l'escalade, mais il n'y avait pas moyen d'arriver avec des échelles à une hauteur de deux cents pieds; quelques soldats tentèrent de descendre avec des cordes du haut de la falaise; mais Romain secouait les cordes et les exposait à se rompre les os. On fit avec la hache quelques degrés dans la falaise pour la pouvoir gravir; mais Romain faisait tomber sur les travailleurs une grêle de pierres qui les décourageait. On en référa encore au sous-préfet, qui répondit qu'il fallait, pour éviter qu'un si dangereux

exemple eût des imitateurs, s'emparer de
Romain mort ou vif, à quelque prix que ce
fût. On fit encore des sommations à Romain,
puis on lui tira des coups de fusils. Romain,
à chaque décharge, s'enfonçait dans sa caverne, puis ripostait par des pierres et des
morceaux de roche. Il soutint ce siége pendant quatre jours.

Au bout de quatre jours, il manquait
tout à fait d'eau; son palais et sa gorge
étaient desséchés; une fièvre ardente l'épui-
sait; il songea qu'il fallait profiter de ce qui
lui restait encore de forces pour aviser aux
moyens de s'échapper; que s'il attendait encore un jour, il mourrait de faim et de soif,
ou que la vigueur lui manquerait. On était
à la pleine lune; la mer, basse vers quatre
heures, était à sa plus grande hauteur à dix
heures; il passa tout le jour à amasser des
pierres.

Il faut ici que je vous fasse bien comprendre la falaise.

En cet endroit, elle s'élève à trois cents pieds de haut, c'est-à-dire à la hauteur de quatre des plus hautes maisons de Paris superposées, droite et lisse comme un mur. Une roche, haute à peu près de cent pieds, appuyée sur la falaise, s'avance de dix à douze pieds vers la mer. Quand Romain jetait des pierres, les soldats se réfugiaient derrière cette roche.

Quand la mer commença à monter, Romain ne leur permit plus de séjourner en dessous de sa caverne ; ceux qui s'y exposaient recevaient d'énormes pierres. Bientôt les lames vinrent frapper jusque sur la roche. Romain, alors, épuisa le reste de son artillerie ; on lui riposta par quelques coups de fusils, mais l'obscurité dégoûta bientôt les soldats de tirer au hasard ; ils se réfugièrent derrière la roche. La mer, alors, était arrivée à sa plus grande hauteur, c'est-à-dire qu'elle battait la roche et rendait le passage impossible. Romain, alors, descendit, s'aidant des pied et des mains, profitant de la moindre pointe et de la plus petite anfractuosité, suspendu à deux cents pieds d'élévation au-dessus des pointes de rochers; marchant où les oiseaux seuls avaient pu marcher avant lui. Les soldats l'aperçurent; mais la mer, qui venait jusqu'à la roche, ne leur laissait aucun moyen d'aller l'attendre au-dessous de sa caverne; ils lui tirèrent des coups de fusil; Romain, avec un incroyable sang-froid, continua son chemin. Après quelques minutes, il disparut pour eux derrière la roche qui seule les séparait. Les soldats, éloignés de lui seulement de quelques pieds, ne le virent plus.

A peu près à la même heure, on vit dans l'ombre un homme se glisser dans la maison de Geneviève, puis en sortir presque aussitôt. Le lendemain, on trouva sur le galet la blouse et les sabots de Romain, que la mer avait rapportés. Depuis ce temps, on ne le vit plus. Quelques perquisitions que l'on fit dans le pays, on ne put le découvrir.

HAUTS FAITS EN TOUS GENRES DE SAMUEL AUBRY.

—

joyeuse ; outre les lauriers, il cueillait aussi des myrtes.

Dans les villes de garnison, une foule de femmes abandonnaient leurs enfans et leurs maris ; leurs maris, beaux, probes, estimés ; leurs maris, qui travaillaient durement pour leurs besoins et leurs caprices, elles les abandonnaient avec empressement pour l'amour d'un soldat médiocrement bâti, n'ayant de propre que ce qui est exposé à la vue du sergent ou du maréchal-des-logis, parfumé d'eau-de-vie et de mauvais tabac ; car les femmes, en général, aiment à justifier ce lieu commun mythologique de la tendresse de Vénus pour le dieu des combats.

Un jour, l'escadron de Samuel Aubry reçut l'ordre de charger sur un bataillon carré ; mais, selon l'usage, ils devaient faire un demi-tour à gauche dès qu'ils seraient à portée de fusil. L'officier qui commandait l'escadron avait un cheval rétif et emporté; il s'enivra du bruit des trompettes et de l'odeur de la poudre, se lança le nez au vent, et son cavalier ne put réussir à lui faire faire le demi-tour à gauche. Les autres chevaux suivirent le premier. Samuel, se croyant mort ou au moins dangereusement blessé, embrassa le cou de son cheval et s'abandonna au hasard. Le bataillon fut enfoncé. Trois croix d'honneur furent données à l'escadron. Samuel en eut une.

—

Cependant Geneviève fuyait toute société. Elle produisit un écrit de Romain par lequel il lui donnait ses seines, ses applets et tous ses filets. Geneviève les mettait sur les bateaux pêcheurs lors de leur départ, et à leur retour elle avait droit à un ou deux lots, selon qu'elle avait confié à tel ou tel bateau plus ou moins de filets.

Elle fit réparer sa petite maison; elle acheta une vache et eut une domestique. Tous les garçons la courtisaient et la voulaient épouser. Mais elle répondait sérieusement qu'elle ne se marierait pas. Il n'était bruit que de sa sagesse; même à la fontaine, où se contaient toutes les histoires du pays, on ne lui prêtait aucune intrigue. Cependant on finit par voir que Geneviève était enceinte. Elle accoucha, et ne trouva qu'à grand'peine un parrain et une marraine pour son enfant, qui fut baptisé sous le nom d'Onésime, fils de Geneviève, père inconnu... — Le père de Geneviève lui-même ne voulut plus la voir. Néanmoins Geneviève ne se désespérait pas.

Arriva 1814. Le corps d'armée où servait Samuel Aubry fut licencié. Samuel Aubry revint dans ses foyers avec deux ou trois camarades, seuls vivans d'une douzaine qu'ils étaient partis d'Étretat. Leur retour fit la plus vive sensation. Samuel, surtout, chevalier de la Légion-d'Honneur, fut incroyablement fêté. Tous les honneurs furent pour lui. Son morceau de pain bénit, à l'église, n'était pas beaucoup moins gros que celui du dépositaire de l'autorité municipale.

Une amnistie fut proclamée dans le même temps pour les déserteurs et pour les réfractaires. Un matin, Onésime Romain conduisit Geneviève à la messe et lui donna son nom. Onésime était bien changé, il avait tant souffert pendant quatre ans !

Cependant le bonheur ne tarda pas à rétablir sa santé; il travailla avec courage et succès.

Quand on sut que Romain était le père de l'enfant de Geneviève, et que, s'il ne l'avait pas épousée plus tôt, c'est qu'il ne pouvait se montrer sans s'exposer à être pris et fusillé, personne n'eut plus rien à dire sur la vertu de madame Romain.

Samuel Aubry vivait de sa croix et d'une petite ferme que lui avait laissée son père.

Romain et Geneviève vivaient de leur travail.

Comme le savent tous les pêcheurs, la pêche du hareng manque tous les ans depuis la déchéance de l'empereur Napoléon; ce n'est maintenant que par petites colonnes qu'ils passent sur nos côtes. Les vieux pêcheurs normands racontent avec enthousiasme que, sous le règne de Napoléon, on ne se donnait pas toujours la peine de tendre les appelets; qu'on prenait les harengs avec des seaux; que les *mauves flamandes*, grandes mauves blanches aux ailes noires, qui suivent les bancs de harengs, étaient si nombreuses, qu'elles venaient prendre les harengs jusque sur les bateaux, et que pour les écarter on était forcé de les abattre à coups de bâton. — Ah! ajoutent-ils, quand nous revenions le matin au soleil levant, nos palletots étaient couverts d'écailles de harengs, véritables *pièces de dix sous*. Aujourd'hui les *kiens* (chiens de mer) nous mangent les harengs et les seines. Il est impossible de leur faire admettre à ce changement de routes des harengs d'autre raison que l'exil de l'Empereur. Il n'y a rien d'égal à leur vénération pour sa mémoire, si ce n'est leur haine pour les chiens de mer; il y a dans leur manière de prononcer le mot *kiens* quelque chose de féroce à la fois et de dédaigneux. Il faut dire que les chiens de mer leur font un grand tort. Rien n'est si simple que les appelets destinés à la pêche du hareng : ce sont de longues pièces de filet tendues, tirées en bas par des pierres, soutenues en haut par des barriques vides. Le poisson qui marche en colonnes serrées trouve un obstacle et veut le forcer; sa tête passe à travers les mailles, mais le ventre l'arrête; il tente alors de reculer et se trouve pris par les ouïes. Les *chiens*, qui les poursuivent, n'ont qu'à choisir, et ils choisissent si bien, que les pêcheurs friands ne mangent que les poissons en partie dévorés, qu'ils appellent *bougons*. Quelques *kiens* se se prennent dans les seines, et alors chaque homme de l'équipage vient à son tour prendre le captif par la queue et lui frapper la tête sur le bordage; ensuite un pêcheur lui ouvre le ventre et en tire, avec deux ou trois petits *kiens* vivans, des harengs entiers et à moitié mangés.

Cependant Romain, que plusieurs pêcheurs d'Etretat ont parfaitement connu, plus audacieux et plus aventureux que ses compagnons, trouvait toujours moyen de faire bonne pêche : il lui eût été si pénible de voir Geneviève supporter la moindre privation. Plusieurs fois il s'exposa à une mort presque certaine en sortant seul, par un gros temps, parce que Geneviève désirait un bonnet neuf.

La pêche finie, dans les longues soirées d'hiver, on se rassemblait quelquefois pour fumer et manger des rôties au cidre, tantôt chez Romain, tantôt chez un autre. Dans les commencemens on aimait à faire raconter à Romain tout ce qu'il avait souffert et osé pour échapper à la conscription.

Les plus audacieux marins s'étonnaient, et Geneviève était fière et heureuse en pensant que c'était pour elle que son mari avait fait de tels prodiges.

Mais venait ensuite le tour de ceux qui avaient *servi*. Ils étaient on ne peut plus enorgueillis de la gloire qu'on les avait forcés d'acquérir; chacun d'eux croyait avoir gagné la bataille où il avait eu peur. Les exagérations les plus grotesques trouvaient de crédules auditeurs. Pour Samuel Aubry, il affirmait que son portrait était sur la colonne de la place Vendôme, formé d'un canon qu'il avait enlevé tout seul.

Les *anciens militaires* s'arrogeaient entre

eux une incontestable supériorité sur ceux qui n'avaient pas servi; ils avaient la parole dans les assemblées, désignaient les santés, prenaient des airs séducteurs avec les femmes, et goguenards avec les maris; ils ne permettaient à personne la moindre contradiction ni le moindre doute.

Geneviève elle-même, à force d'entendre chanter des refrains plus ou moins guerriers et patriotiques, tels que : *Ah! qu'on est fier d'être Français, quand on regarde la colonne*, ou *Français et militaire*, ou *Français et fier de l'être*, etc., Geneviève se surprit par momens à regretter que son mari n'eût pas fait comme tout le monde et n'eût pas été soldat.

Romain finit aussi par être honteux de s'être dérobé au service militaire; il prit son prodigieux courage et sa résolution pour une lâcheté.

Un jour d'été il partit pour la pêche du maquereau; il n'avait qu'une petite barque, et deux hommes seulement l'accompagnaient. A peine eurent-ils gagné le large, que le vent tomba tout à coup. Le maquereau se prend avec des lignes qu'on laisse traîner à l'arrière du bateau, tandis qu'on court des bordées à toutes voiles. Pour la pêche du maquereau, on sort d'ordinaire par un vent d'est, parce qu'il se soutient mieux que tout autre, et qu'un vent un peu frais est indispensable pour le succès de cette pêche. Il fut obligé de virer de bord et de revenir; mais il avait à relever ses filets qu'il avait tendus la veille pour les homards; l'occasion étant d'autant meilleure que le vent d'est par lequel il était parti l'avait fait naturellement dériver en aval du côté du Havre. C'était presque au-dessous de *la Courtine*, vieille fortification ruinée au-dessus de la falaise, que Romain avait tendu ses derniers filets; le mer était basse; il suivit le chemin sous la falaise, relevant ses filets, et donnant le butin à ses deux compagnons qui conduisaient la barque à une demi-portée de fusil du bord. Quand il eut relevé le premier filet, il laissa ses hommes continuer le chemin par la mer, et lui suivit la falaise. Il faisait un soleil dévorant. Arrivé à une profonde caverne, à laquelle une tradition a donné le nom de *Trou à l'Homme*, il y entra pour s'y reposer un moment.

Il n'y a rien de si beau que ces grottes que l'on trouve à chaque instant dans les falaises. Le bas est revêtu d'une roche blanche semblable au plus beau marbre ; la voûte est toute tapissée d'une sorte de mousse d'un lilas rouge, qui dans l'ombre semble, par ses riches reflets, une immense tenture de velours violet; des angles des roches pendent des algues et des warecks, sombre verdure de l'Océan, qui paraissent d'abord noirs, et, vus en transparent, sont des plus belles nuances de vert, de violet et de pourpre.

Romain tira sa gourde et but un peu de genièvre, puis il se disposa à se remettre en route.

Mais au fond de la grotte il entendit des soupirs...; il avança, et à ses soupirs se mêlaient des baisers.

— Partons, dit-il, voici deux amans que je gênerais. Cependant il s'arrêta encore au bord de la grotte, la fraîcheur était si agréable! Il tira sa pipe, battit le briquet et fuma.

Le temps passe vite pour les fumeurs. Si vous m'accordez ceci, vous admettrez qu'il passe encore plus vite pour les amans. Le soleil descendit derrière la haute aiguille placée presque devant le *Trou à l'Homme*. Romain resta à le regarder coucher. Néanmoins la mer montait, et comme il s'était élevé un fort vent de S.-O., les lames venaient par moment jusqu'à l'entrée de la grotte. Il allait partir, mais une pensée le fit rentrer dans la grotte.

—Ho là, eh! —cria-t-il, —mes tourtereaux, la mer monte.

Mais à sa voix répondit un cri d'effroi et d'angoisse.

Romain se précipita au fond de la grotte. Une lutte s'engagea dans l'ombre, puis Romain sortit avec Geneviève. Tous deux étaient horriblement pâles. Personne ne sortit derrière eux. Romain jeta son couteau à la mer.

Le lendemain, Romain avait disparu. La mer apporta sur le galet d'Etretat le cadavre de Samuel Aubry.

Plus en amont, non loin d'Etretat, au-dessous de l'endroit où Romain avait autrefois soutenu le siége, on trouva encore ses sabots et sa blouse; mais cette fois il y avait dans la blouse un corps brisé et en lambeaux.

Geneviève prit le deuil. Ce deuil extérieur pour Romain lui permettait de pleurer Samuel Aubry.

Il y a tant de morts qu'on pleure comme le lierre qui, après avoir étouffé un arbre, pare sa tête morte de vertes guirlandes.

XI.

De notre temps les femmes se sont tristement efforcé de dépouiller leurs plus précieux attraits, quelques unes chaque jour ont le malheur d'y réussir, perdent leurs qualités sans acquérir celles de l'homme et résument enfin en elles ce qu'il y a de mauvais dans les deux sexes. Il n'est rien, selon nous, de si tristement ridicule que l'audace qui brave sans la force qui accomplit; les bras nus sans le réseau de muscles qui en fait oublier la nudité pour réveiller l'idée de la puissance. Le mystère et le silence sont la parure des femmes : leur vie doit être close et murée, leur cœur est un vase précieux où elles doivent amasser et tenir soigneusement renfermé comme un parfum tout ce qu'attendent de bonheur sur la terre un mari et des enfans, ce bonheur et ce parfum ne doivent pas s'exhaler et s'évaporer au hasard.

Dans les montagnes des Alpes, après qu'à une grande hauteur l'air trop raréfié rend les sapins étiques et rabougris, on monte encore, et il n'y a même plus de sapins; çà et là quelques mousses et quelques lichens étendent sur le sol neigeux leur verdure grisâtre;—on monte encore, et il n'y a plus de mousses ni de lichens;—il n'y a plus que de la neige unie, blanche et triste comme un linceuil;—puis tout à coup un buisson d'un vert vif et vigoureux perce la neige et étale à l'extrémité de ses branches de petites fleurs de pourpre.

C'est ainsi que l'on aime à trouver la femme — alors que la vie est devenue un désert, que le découragement s'est emparé de l'ame, que les croyances, comme les pétales d'une fleur, ont été une à une enlevées par la bise aigre de l'hiver;—c'est une fleur qui dans le mystère fleurit pour nous, développe ses pétales de pourpre pour nous, exhale un suave parfum pour nous. Là, dans son cœur comme dans un asyle sacré, dans un saint tabernacle, nous retrouvons toutes nos espérances, tous nos amours, toutes nos croyances.

Combien de femmes aujourd'hui ont renoncé à la vie cachée; combien ont audacieusement rejeté en arrière le voile qui cache et qui rend plus belle — le voile qui rend belle pour un seul.

Autrefois, si l'on prenait le plus souvent en bonne part, cette phrase sur un homme, *il a fait parler de lui*; il n'était pas une femme qui eût pu, sans mourir de honte et de désespoir, entendre dire *qu'elle eût fait parler d'elle*. Il en est encore heureusement beaucoup qui ont conservé cette douce pudeur du cœur, cet instinct de sainte coquetterie qui cherche une parure dans le mystère ; beaucoup veulent que leur vie glisse dans l'herbe comme le ruisseau bienfaisant qui se cache sous les fleurs qu'il fait éclore. Celles-là sont restées femmes ; elles sont restées les anges auxquelles nous devons demander la part de bonheur qui leur a été confiée pour nous.

Mais aussi combien veulent paraître et être en vue, combien veulent montrer leur visage nu dans la rue, et leur cœur nu dans un livre ; combien se sont efforcé de perdre cette douce et pénétrante voix donnée à la femme pour s'insinuer dans les replis du cœur, et se sont acquis des accens plus éclatans qui ne peuvent plus aller qu'à l'esprit ; — elles n'ont plus la voix qui console, — la voix qui apaise.

Et cela est arrivé à un point grotesquement affligeant ; je veux parler des femmes artistes, dont le nombre s'accroît tous les jours, et de la triste indépendance qu'elles s'imaginent acquérir; — elles se glorifient d'avoir brisé une chaîne, et cette chaîne les soutenait entre le ciel et la terre. Elles croyent s'être élevées, elles sont tombées; elles ont voulu marcher au pas de l'homme, et leurs pieds se sont élargis et endurcis,— elles ont voulu tenir le pinceau et la plume, et leurs mains sont devenues rudes et hâlées. Comme dans certains contes de fées, elles sont sorties de *la maison*, cet asyle du bonheur caché, du bonheur fermé, de ce bonheur dont on jouit tout bas, et *la maison* s'est écroulée derrière elles, — la vie intérieure se perd,—elles ont détruit la famille et ses douces joies dans lesquelles tôt ou tard on arrive à se replier et à se renfermer.

Pour nous, nous ne connaissons rien de déplorable et de hideux comme cette tendance. Nous entendons parler de femmes qui revêtent les habits d'hommes, de femmes, qui boivent et qui fument, et qui, en faisant tout cela, ne cèdent pas à un goût malheureux et invincible; mais recherchent là dedans une gloire, sont flattées qu'on en parle, et s'enorgueillissent de la laideur qu'elles se fatiguent à se faire.

XII.

Pour l'homme qui entre dans la vie avec une ame et des sens neufs, il est des piéges dans lesquels il est beau de tomber, des erreurs qu'il est louable d'embrasser, des illusions, des chimères qu'il est noble de chérir. Il y a telle folie, telle sottise qui proviennent d'un luxe de sève qu'il faut avoir dans la jeunesse, sous peine de passer justement pour un homme sec et d'une pauvre organisation.

Le plus souvent ceux qui, ayant passé la première moitié de la vie, arrivent à cette époque où l'on a épuisé le nombre de sensations permises à l'homme, et voient qu'il faut alors remâcher la même vie, mais désormais sans saveur, soit que cette saveur ait été absorbée, soit que le palais ait perdu sa subtilité; ceux-là, rappelant amèrement leurs espérances, leurs croyances et leurs déceptions, croient pouvoir rire de ceux qui, plus jeunes, croient à la réalisation de leurs rêves et pensent que chaque besoin que Dieu a donné à l'homme renferme une promesse de le satisfaire.

Au commencement de la vie, on est entraîné par une pente irrésistible, mais douce encore, entre des rives vertes et ombragées; l'air est parfumé par les fleurs semées dans l'herbe, et les oiseaux chantent aux bords, dans les oseraies. — Ceux qui nous ont précédés, et que nous avons perdus de vue, no'nt plus sur les rives qu'une herbe jaune et brûlée, et marchent sur une eau fétide et presque stagnante, sans qu'aucun effort leur permette de retourner en arrière. Doivent-ils pour cela nous crier d'une voix lugubre : « Ne vous livrez pas à ce plaisir qui charme vos sens, c'est une illusion, c'est une fantasmagorie. — Tout à l'heure vous voudrez respirer le parfum d'une fleur, ou entendre jusqu'au bout le chant commencé d'un oiseau ; la fleur et l'oiseau disparaîtront. »

Non, ils ne le doivent pas ; car ce n'est pas, ainsi qu'ils le croient, la rive qui s'est transformée ; ce n'est pas l'oiseau qui s'est tû, ce n'est pas la fleur qui s'est fanée : ce sont eux qui ont passé. — Le parfum de la fleur, le reste du chant de l'oiseau, il y a derrière eux, vous ; — derrière vous, d'autres hommes qui en jouiront un instant, et qui, comme vous, passeront en les regrettant.

Qui pourrait voir avec plaisir un vent précoce secouer la fleur des amandiers, sous prétexte que les fruits en mûriront plus tôt ? Est-ce jamais une bonne chose que les fruits de primeur ?

Il y a peu de temps, dans un cercle d'amis, un homme de trente ans se plaignait de la jeunesse *actuelle* et trouvait sots et ridicules en général les hommes de vingt ans d'*aujourd'hui*; comme il allait, à ce sujet, s'entamer une longue discussion, la maîtresse de la maison dit avec infiniment de sens et d'esprit : « Je vais vous dire précisément depuis quelle époque les hommes de vingt ans vous paraissent si ridicules : c'est depuis que les hommes de trente ans d'aujourd'hui n'ont plus vingt ans. »

Aussi, n'eussions-nous jamais trouvé ridicules les projets qui se faisaient, un soir d'été, dans un petit salon ouvert sur un frais jardin, dans une rue d'Ingouville, au-dessus du Havre.

— Qu'avons-nous besoin de *richesses?* disait avec feu Théodore; qu'est-ce que *l'or* pourrait ajouter à notre félicité? qu'est-ce que la privation de ce *vil métal* pourrait nous ôter de bonheur? Notre amour ne suppléera-t-il pas tout? Nous vivrons,

Anna et moi, dans *une chaumière*, plus heureux que sous *les lambris dorés*; *le pain*, fruit de mon travail, sera pour elle une céleste ambroisie.

Anna répondit par un tendre regard; Théodore lui semblait bien éloquent; il venait de répéter tout haut ce que le cœur de la jolie fille lui avait dit tout bas plus d'une fois.

Le troisième interlocuteur se détourna pour cacher un sourire; c'était un homme de soixante ans, d'une physionomie douce et avenante. — Mes enfans, dit-il, je pourrais vous dire bien des choses qui ne vous serviraient qu'à être redites inutilement à vos enfans dans vingt ans, parce qu'alors seulement vous pourriez les croire et les comprendre. Seulement vous savez que j'aime mon Anna par dessus tout. Théodore a aussi quelques raisons de croire à mon amitié; eh bien! je ne donnerai Anna à Théodore, qu'après qu'il sera revenu du

voyage de commerce que son patron veut
lui faire faire.

C'était en effet à propos de ce voyage que
Théodore avait eu occasion d'exprimer son
mépris des richesses.

Le père d'Anna fut inflexible. Les deux
jeunes gens crurent devoir céder à la *manie
du vieillard*, et Théodore s'embarqua.

— Adieu, mon Théodore, dit Anna, je
prierai sans cesse pour toi; non pour que
tu reviennes riche, mais pour que tu reviennes constant.

Pendant une assez longue navigation,
Théodore eut le temps de songer aux lieux
si nouveaux pour lui qu'il allait voir : L'Orient! Il voyait d'avance ce *luxe oriental*
dont on lui avait tant parlé. Il lui semblait
que rien que d'entrer à Constantinople, on
devait être riche; que le sol devait changer
les bottes qui le foulaient en babouches
étincelantes de pierreries; que l'air devait
métamorphoser le drap d'Elbeuf en drap

d'or; et que tout châle devenaient cachemire au soleil d'*Orient*; tout cheval dont les pieds se posaient sur les sables de l'Arabie, devait être un coursier ardent, noble, impétueux, ami des combats, et toujours prêt à dire : *Allons!* Il ne voyait que sofas et carreaux de soie, que suaves parfums... Surtout, son imagination rêvait ces mystérieux harems, où vivaient, sous la garde de noirs eunuques, tant de belles Circassiennes et tant de Géorgiennes.

Sans doute, quelqu'une d'elles, en allant à la mosquée, remarquerait Théodore, et, laissant *par hasard* tomber son voile, elle lui permettrait d'apercevoir des charmes inconnus au reste du monde.

Puis une vieille mystérieuse le viendrait trouver le lendemain et l'introduirait, après mille détours, dans le harem; là, le rêve lui montrait à la fois les plus ravissantes créatures, les boissons les plus exquises, les odeurs les plus enivrantes, le séjour le plus enchanteur, la musique la plus exaltante : des danses de fées, des lits de roses effeuillées; puis de riches peintures, un pavé d'agate, des colonnes de jaspe; sur les femmes, des colliers de perles énormes, des bracelets d'émeraudes monstrueuses, des diadêmes d'opales hyperboliques, des châles à passer à travers une aiguille; il se voyait lui-même paré, fêté, enivré, couronné de roses, couronné de myrthe.

Quelque loin qu'on aille, on finit par arriver; on arrive bien à Saint-Maur : trois lieues à faire en coucou!

Théodore arriva à Constantinople.

Pauvre Théodore!

Il trouva d'abord une ville sale, étroite, mal bâtie, tremblottante. Souvent par les rues, des rosses avec des brides de cordes, des hommes à moitié nus. Pour monnaies de vieilles pièces rognées d'Allemagne, de Hollande, d'Espagne; pour mets, et c'est le met favori, le met par excellence, du riz assaisonné avec du poivre, et gluant de beurre : c'est le pilau. Dans sa confection, le plus grand talent du cuisinier consiste à ne pas laisser crever le riz, et à le teindre en jaune avec du safran, ou en rouge pâle avec du jus de grenade. Et quand les officiers mangent avec le sultan, on les régale avec le *chourba*, sorte de potage au riz encore assaisonné avec du poivre.

Il vit les mosquées sans ornement, car la loi défend d'y introduire ni tableaux, ni statues, ni or, ni argent.

Mais surtout point de femmes rencontrées aux mosquées; moins encore de voiles tombés ; moins encore de mystérieuses vieilles.

Théodore prit le parti de ne songer plus qu'à Anna, à son retour, à ses promesses, à son bonheur; d'ailleurs, le négociant qu'il avait accompagné devait, à son arrivée, l'intéresser avantageusement dans ses affaires. — Le père d'Anna serait content, et n'aurait plus rien à objecter.

Comme un soir, il calculait les chances de petite fortune que semblait lui assurer la bienveillance de son patron, et que, les deux coudes sur une table, la tête dans les mains, il s'occupait de régler par avance les dépenses de son ménage, à discuter en lui-même la grave question du nombre des domestiques, celle non moins grave du choix du logement; son imagination se frappa de telle sorte qu'il lui semblait déjà être au moment de la réalisation de ses désirs; il s'occupait des moindres détails avec la sollicitude qu'on apporte aux choses qui doivent arriver demain.—Il pensait à la coiffure d'Anna pour le jour du mariage : elle gardera les cheveux relevés sur le sommet de la tête, qui dégagent si bien son front gracieux.

La nuit le surprit dans cette préoccupation, sans qu'il songeât à allumer une bougie; tout à coup on frappa à sa porte, il ouvrit; un homme, après avoir écouté s'il était suivi, entra brusquement, referma la porte, écouta encore, puis lui dit :

— Monsieur, nous n'avons que dix minutes pour conclure une affaire dans laquelle il va de votre fortune et de ma vie. Je suis esclave, employé aux mines; j'ai volé un diamant; sous prétexte de maladie, je me suis fait transporter ici. Un roi seul peut payer le diamant dont je vous parle. Aucun prince n'en possède un si beau; mais c'est pour moi une richesse perdue; il est impossible que je le vende, car je ne pourrais m'enfuir sans argent. Cependant, il peut aussi faire mon bonheur : je ne vous demande, en échange de ce trésor, que la somme nécessaire à ma fuite. Par ce moyen je serai libre; je regagnerai mon pays et je reverrai mes frères et ma femme.

Tandis que Théodore restait étourdi de cette proposition, l'esclave regardait en tous sens un diamant énorme. — Certes, il n'y a dans celui-là pas le moindre sable rouge ni noir; pas la plus petite teinte jaune ni verte; j'en ai tenu, malheureusement pour moi, beaucoup dans les mains, et jamais je n'en ai vu un aussi beau et aussi parfait. Ce serait un bel ornement à la poignée du yatagan de sa Hautesse.... Allons, monsieur, dit-il, vous étranger, il vous est facile de fuir. Si vous voulez, pour quelques ducats, vous êtes millionnaire et moi je suis libre.

— Il est probable que l'esclave n'a pas dit le mot *millionnaire*.— Je le crois comme vous. — Mais il n'a pas dit non plus *facile* ni *fuir*.

Je ne sais pas l'arabe; je le saurais que peut-être vous ne le savez pas. Voulez-vous que, sous prétexte de couleur locale, je le fasse parler comme les nègres de roman, *maître à moi, moi avoir diamant.*

L'esclave voulait fuir; Théodore donna ce qu'on lui demandait, puis lui-même s'occupa de sa fuite. Il emprunta de l'argent à son patron, et partit la nuit.

Nous n'entrerons pas dans les détails de son voyage ; pour ne pas être rejoint, car l'esclave ne lui avait pas caché qu'il serait sans doute poursuivi, il fit deux fois le chemin par les routes les plus désertes, les plus fatigantes. Un jour, avec son guide, il fut rencontré par des Arabes voleurs. Avez-vous de l'argent, lui dit le guide?—Je n'ai que l'argent nécessaire à ma route, reprit Théodore.

— Alors n'opposons aucune résistance ; après nous avoir fouillés, ils nous laisseront de quoi continuer notre voyage, peut-être économiquement, mais n'importe.

Il importe beaucoup, dit Théodore, et il reçut d'un coup de pistolet le premier Arabe qui s'avança vers eux. On tira les sabres. Le guide fut tué ; Théodore aux deux tiers assommé, et emporté prisonnier.

On le fouilla ; malgré sa résistance, on

prit son diamant; sa douleur fit croire aux Arabes que c'était une amulette: une femme en fit un jouet pour son enfant.

Le chef le prit en amitié, et lui dit un jour qu'il pourrait s'en aller, avec tout ce qu'on lui avait pris, sitôt qu'il serait guéri. La mère de l'enfant qui prenait le diamant pour un talisman, se jeta à ses genoux pour le prier de le laisser à son fils, elle alla plus loin, elle lui en offrit le plus haut prix qu'elle put offrir. Les richesses endurcissent; il refusa; alors elle refusa formellement de le rendre. La nuit, Théodore mit un bâillon à l'enfant, et s'enfuit avec son trésor. Deux jours et deux nuits, il se cacha dans une caverne, sans manger; puis, rencontré par une caravane, il continua sa route. Toujours inquiet, défiant, repoussant la moindre politesse avec humeur, prêt à poignarder le voyageur dont le regard malencontreux s'arrêtait sur l'endroit où il tenait le diamant caché, demandant dans les auberges la plus mauvaise chambre, pour ne pas laisser soupçonner sa fortune.

Il écrivit au père d'Anna; sa lettre commençait par ces mots : Je suis riche, excessivement riche. Cette nouvelle, ainsi annoncée avant de parler de tant d'autres choses *plus importantes*, mécontenta Anna; cependant, en songeant que c'était pour elle que Théodore avait voulu devenir riche, elle ne songea plus qu'à le recevoir plus tôt qu'elle ne pouvait naturellement l'attendre. Cependant, la pensée de cette grande fortune de Théodore ôta la joie de la jeune fille, beaucoup de son abandon et de sa grâce; le père, de son côté, par un sentiment noble en lui-même, mais exagéré, ne voulut pas paraître aussi prévenant que de coutume, pour ne pas sembler trop empressé. Théodore, au contraire, sentait combien les rôles étaient changés; combien lui, qui demandait une grâce peu de temps auparavant, semblait alors en faire une par la nouvelle position que le sort lui avait donnée, et, pour dissimuler cette pensée qui se glissait en lui, malgré lui, il affectait un air amical et familier. Mais comme tout ce qui est affecté, cela se fit maladroitement, et augmenta la réserve du père et de la fille. Cette réserve, à son tour, blessa Théodore. Enfin, quoique les trois personnages de ce récit ne changeassent rien à leurs premières intentions, il ne s'en séparèrent pas moins après cette première entrevue, fort mécontens les uns des autres; cependant, deux ou trois jours après, il y eut entre les deux jeunes gens un moment d'expansion.

— Je ne sais pourquoi, disait Anna, cette grande fortune que vous nous avez annoncée m'épouvante; nos projets étaient si beaux; tout cela sera détruit. Adieu à cette petite maison d'où l'on voyait si bien la mer; elle est cependant à louer en ce moment.

— Ma belle Anna, reprenait Théodore,

nous irons à Paris, et nous habiterons un hôtel dans le plus beau quartier.

—Théodore, je regrette la petite maison; les arbres en sont d'un si beau vert, l'air y est si pur; hier encore je suis sortie un moment avec ma bonne, et j'ai prolongé ma promenade jusque-là. Je la regardais avec amour : c'est là, disais-je, que nous vivrons, que nous serons heureux ensemble; et par la pensée déjà j'y divisais notre logement. Il y a une pelouse molle comme du velours; il me semblait y voir se rouler des petits enfans.

Théodore partit pour Paris; quand il arriva, le joaillier du roi, auquel seul on lui avait conseillé de proposer son diamant, était absent pour quelques jours. Théodore profita de ce temps pour choisir un hôtel et des meubles, pour essayer des chevaux et une calèche; il prenait note de tout ce qu'il voyait de beau; des tapis, des porcelaines, des dentelles. En attendant, il était fêté et caressé par une foule de parens et d'amis qu'il ne s'était jamais connus auparavant. Quand il entrait dans un salon, on disait tout haut : Théodore N***, et tout bas : qui vient de faire en Orient une fortune si prodigieuse. Toutes les prévenances, tous les regards étaient pour lui ; les mères lui faisaient les honneurs de leurs filles; les filles lui trouvaient l'air distingué.

Hélas ! hélas ! voici Théodore sur une pente bien rapide, et vous pensez que la pauvre Anna court grand risque d'être oubliée.

Je le croirais aussi, et cependant malgré tout cela, nous vîmes, il y a deux ans, Théodore N*** à Ingouville ; il habitait avec son Anna la petite maison d'où l'on voyait si bien la mer, et sur la belle pelouse se roulait un enfant.

Etait-ce la suite d'un généreux effort de Théodore ? je voudrais avoir à le dire. Mais Théodore avait là une place de 1800 fr., et voici comment cela s'était fait heureusement pour lui :

Quand il s'était présenté devant le joaillier de la couronne, celui-ci, après avoir bien examiné le diamant, lui avait dit : C'est en effet une pièce remarquable; je ne me charge pas de cela ; mais à cause de l'exactitude de l'imitation, vous en trouverez partout dix francs.

Ces dix francs avaient servi à Théodore pour regagner le Havre à pied.

XIII.

Nos pères et nos grands-pères ont assisté à une longue lutte commencée long-temps avant eux, préparée plus long-temps encore auparavant. C'était la lutte du faible contre le fort, du petit contre le grand, de l'opprimé contre l'oppresseur. Plusieurs révolutions ont été le produit de cette lutte dans laquelle les faibles ont été les plus forts. Nous sommes venus au monde pour constater ces résultats et recueillir les fruits de la victoire. Ce n'est pas précisément ici le lieu de considérer quels sont ces fruits, quels sont ces résultats; d'examiner si les utopies qui ont entraîné nos pères se sont réalisées. Toujours est-il que voici aujourd'hui quelle est la situation de la littérature militante : cette guerre mise en train par la philosophie du dix-huitième siècle lui traçait une marche fort commode à suivre ; les philosophes marquaient les arbres à abattre *dans la forêts des préjugés*, comme ils disaient ; — ce qui le faisait accuser par une femme d'esprit de débiter des fagots. — Puis les moutons venaient à la suite, et chacun donnait son coup de hache plus ou moins fort sur chaque arbre marqué. Et tout le monde détruisait des préjugés, renversait des abus, brisait des jougs — rien de mieux, — sans se faire faute, de temps à autres, de frapper à droite et à gauche quelques arbres qui n'avaient pas été marqués : ainsi font d'ordinaire les chasseurs qui ont une licence de chasse dans les forêts de l'état ; cette licence les autorise à tuer «les lapins, les lièvres, les oiseaux, *les animaux nuisibles*, » et ils abusent à l'envi de cette qualification un peu générale d'animaux nuisibles — en confondant sans scrupule tout chevreuil surpris à brouter les jeunes bourgeons des arbres, tout cerf convaincu d'avoir, en bramant, troublé le silence de la forêt, tout daim soupçonné d'avoir porté atteinte à la paix publique en se battant contre un rival.

Chacun a voulu avoir son abus ou son préjugé tué sous lui ; chacun a voulu en appendre les dépouilles à sa maison — comme les fermiers font des belettes et des fouines. Puis il est arrivé aujourd'hui que tout a été détruit, brisé, renversé, et que la pauvre littérature militante s'est partagée en trois corps. — Les uns ont continué de frapper les ennemis à terre, et non contens d'avoir coupé les chênes à la racine, ils les ont hachés au point de les réduire en allumettes. — Les autres frappent dans le vide de l'air, espérant toucher par hasard quelque chose en frappant toujours et en frappant partout. La troisième division s'est assise, a posé sa hache émoussée, cherché et attend.

C'est à ceux-ci que je m'adresse.

Votre œuvre est finie — ô redresseurs de torts !

Ce qui gênait trop à droite, vous avez voulu le repousser, vous l'avez jeté trop à gauche; aussi réjouissez-vous et dites *hosana* ! — car vous avez de nouveaux jougs, — de nouveaux préjugés. — Il faut combattre aujourd'hui l'oppression des faibles, la tyrannie des petits, le joug des opprimés; les forts sont foulés aux pieds, les tyrans gémissent dans un insupportable esclavage, les grands sont dans la poussière : ayons pitié d'eux et protégeons-les contre les petits, les faibles et les opprimés.

Aujourd'hui — et peut-être en était-il déjà de même autrefois, tout semble être fait pour les petits.

Les voitures publiques où l'on ne peut allonger les jambes.

Les fonctions politiques où l'on ne peut

étendre une idée utile, renfermé que l'on est dans la voie de ceux qui marchent devant.

Les portes auxquelles un homme un peu grand brise sa tête et défonce son chapeau.

Les théâtres où tous les petits se réunissent contre un homme de cinq pieds sept pouces qui se trouve au parterre, et, malgré ses efforts pour se faire petit, lui crient de s'asseoir quand il est assis depuis longtemps.

La royauté qui doit avoir les mains à la hauteur des mains de tout le monde — ce qui doit être fort ennuyeux.

Nous allons, aujourd'hui, commencer cette réaction dont la nécessité est si évidente; nous allons donner le signal du combat, risque à combattre seul et à être écrasé; car on peut dire des petits ce qu'un philosophe disait des sots : « Il faut composer avec eux comme avec un ennemi supérieur en nombre. » Si nous étions allé aux colonies, nous n'hésiterions pas à prendre le parti des colons contre les noirs; il y a assez long-temps que ceux-ci servent de prétexte à de longues et lourdes pages contre les infortunés colons. Faute de pis, nous allons élever la voix en faveur des maîtres contre les domestiques.

Notre ennemi, c'est notre maître, — a dit La Fontaine. — Nous modifierons un peu cet adage pour nous faire une épigraphe, — car nous tenons à avoir une épigraphe; c'est un moyen d'apprendre au lecteur et de bien savoir soi-même d'où l'on part et où l'on va. — Nous dirons donc :

Notre ennemi, c'est notre domestique : et c'est un ennemi dangereux; car c'est un ennemi intime; c'est un ennemi qui sait nos secrets, qui connaît nos goûts et nos défauts, qui sait nos chagrins et nos joies; qui sait nos momens de bonne fortune, nos momens de détresse; — c'est un ennemi qui couche sous notre toit!

Pour justifier notre épigraphe, nous n'emprunterons pas à la *Gazette des Tribunaux* les récits plus ou moins effrayans de maîtres assassinés par leurs domestiques, de familles entières empoisonnées par une cuisinière. Nous ne rapporterons pas la mort funeste d'un homme trop vanté peut-être, mais homme cependant de mérite et de talent, Paul Louis Courier. — Quelques argumens que nous en puissions tirer, nous abandonnerons ces narrations de cours d'assises, pour ne parler que des choses de tous les jours, des choses d'autant plus dangereuses que la loi ne les atteint pas. — Qu'est devenu *l'ancien serviteur* dont le type est si répété dans les romans; ce domestique vertueux, sensible et désintéressé, — qui pleure des chagrins de ses maîtres, qui pleure de leurs joies, qui pleure en embrassant l'enfant de la maison, qui pleure en conduisant le grand père au cimetière, qui pleure en suivant la petite fille à l'autel? Où est-il cet homme qui sans doute, suggéra à M. de Monthyon, l'idée de ses prix de vertu? — lesquels prix de vertu ont peut-être suggéré à quelques uns l'idée de la vertu, — car il serait aussi difficile de déterminer si le premier prix de vertu a été suggéré par une vertu, ou la première vertu par un prix Monthyon, que de décider si le premier œuf est venu d'une poule ou la première poule d'un œuf, c'est-à-dire s'il y a eu des vertus avant les prix, des poules avant les œufs.

Où est-il ce domestique, presque toujours un vieillard à cheveux blancs, qui lorsque la fortune de ses maîtres vient à s'écrouler, — pleure encore pour qu'on lui permette de servir sans gages, — et vient, *avec des larmes de joie*, offrir le résultat de ses petites économies. — Où es-tu, domestique?

Faites un essai sur celui que vous avez, quel qu'il soit; — refusez-lui une augmentation de gages, et il restera chez vous précisément jusqu'au moment où il trouvera une autre place, et il saisira, pour s'en aller, le jour où vous donnez à dîner, le moment où vous êtes malade.

Avant de partir, il ne négligera pas une occasion de vous faire du tort, de vous décrier, de vous calomnier; et il trouvera d'autant plus de croyance à ce qu'il lui plaira de dire de vous, qu'il est mieux placé pour savoir.

A très peu d'exceptions près, tout domestique vole son maître, depuis le niais fraîchement arrivé, qui remplace l'eau de Cologne par de l'eau, — jusqu'au plus fort qui a des marchés à l'année avec vos fournisseurs, conduit le public dans votre cabriolet, à 2 francs l'heure; annonce à vos créanciers, moyennant un pot de vin, que vous venez recevoir de l'argent, et que c'est le moment de vous poursuivre.

Procédons avec ordre : commençons par

les maîtres d'hôtel. — Un maître d'hôtel, placé dans une bonne maison, doit se retirer au bout de dix ans, et aller vivre de ses rentes aux Batignoles.—Un mot du prince de Conti vous expliquera parfaitement le maître d'hôtel. On lui conseillait d'en chasser un qui le pillait outre mesure ; « je m'en garderai bien, dit-il, celui-ci est gras, il me faudrait en engraisser un autre. » Le maître d'hôtel est important ; mais c'est une importance particulière, il se sent utile, indispensable, il se considère comme savant, il se sait riche ; il fait la cour aux servantes de la maison, mais, pour réussir, il compte moins sur ses avantages extérieurs que sur des promesses de bien-être et d'avenir. Ce n'est plus là l'importance du valet de chambre, du cocher, du chasseur ; ceux-là sont beaux et frisés, et veulent être aimés pour eux-mêmes.

A propos de valets de chambre, il y a une chose à laquelle nous n'avons jamais pu nous accoutumer entièrement, c'est à entendre donner ce titre de valet de chambre à des hommes des meilleures maisons de France ; le valet de chambre du roi réveille toujours l'idée d'un valet.

Le valet de chambre est fat à l'office et dans l'antichambre ; hors de la maison c'est un monsieur. — Il porte l'habit bourgeois et fait des visites dans sa famille qui s'en trouve fort honorée ; il conduit ses cousines à Tivoli. En parlant de son maître, il dit *nous* : « Nous allons demain à la Chambre ; — nous étions hier au bois. »

La femme de chambre porte un chapeau et un cachemire français ; elle est nerveuse et petite-maîtresse ; elle craint les sociétés mêlées. Une femme assez distinguée de Paris, madame la comtesse d'H***, était un jour partie pour la campagne. Assez jolie pour se permettre un caprice, elle s'ennuya le soir, et se fit conduire à l'Opéra. Presqu'en face d'elle, une femme attirait tous les regards ; madame d'H*** fit comme les autres, et la lorgna; la femme, objet de tant d'attention, avait en effet une mise élégante, riche et distinguée, et madame d'H*** remarqua avec quelque surprise que la robe de l'inconnue ressemblait singulièrement à une robe qu'elle-même avait mise la veille ; un cachemire couvrait négligemment ses épaules, madame d'H*** vit avec chagrin que ce schall était entièrement semblable à un schall qu'elle croyait unique et dont elle s'enorgueillissait. Mais je vous laisse à penser quelle fut sa stupéfaction quand l'inconnue, en tournant la tête, lui laissa reconnaître mademoiselle Sophie, sa femme de chambre.

Le véritable type du cocher serait, le cocher du roi, ce cocher inamovible qui monte sur son siége, paré et poudré au moment de partir, en descend quand il est arrivé, abandonnant à des *subalternes* le soin d'atteler et de dételer les chevaux, de sortir et de rentrer la voiture. Le cocher est fort et gros, sa figure doit être impassible; sa voix grave ne se fait presque jamais entendre. Descendons au cocher de maison bourgeoise; celui-ci est un inflexible tyran; il passe toute la journée dans la cour à laver une bride, la tête couverte d'un foulard, et sifflant tous les airs qu'il connaît; cette apparente non-chalance a un but que le cocher ne perd pas de vue un instant : si on le voyait inoccupé, on pourrait l'employer à quelqu'autre chose, à tirer de l'eau, à faire une commission, et sa dignité en souffrirait. En géneral, le cocher boit et boit beaucoup. Du reste, vous ne pouvez sortir que quand il lui plaît; au moment de partir, l'alezane boite; le cheval bai est déferré d'un pied. Il faut que vous sortiez à pied ou en fiacre.

Si vous êtes quelquefois allé vous promener le matin au bois de Boulogne, vous avez joui d'un spectacle assez curieux; une foule de domestiques arrivent de toutes parts montés sur de fort beaux chevaux ; ils se saluent, se pressent la main, font piaffer les chevaux comme leurs maîtres feront cinq ou six heures après quand il y aura de la poussière ; ils viennent boire le vin blanc, prendre le frais, et fatiguer les chevaux sous prétexte de leur faire faire une promenade salutaire. En les voyant ainsi gais et insoucieux, il nous est toujours venu à l'esprit que peut-être au même moment, leurs maîtres étaient inquiets des moyens de soutenir le train de leur maison, que peut-être ils voyaient approcher avec chagrin le moment où il faudrait vendre les chevaux pour payer l'avoine.

Le chasseur a cinq pieds huit pouces et des moustaches ; on l'habille de vert; M. Aguado l'habille de bleu de ciel. Le chasseur tient, par son costume et son attitude, le milieu entre le militaire et le marchand de vulnéraire suisse.

Nous allons quitter les domestiques des grandes maisons pour descendre aux domestiques des maisons bourgeoises, depuis *la bonne* jusqu'à la femme de ménage et au portier de l'étudiant. Mais il faut auparavant mettre en rang *le domestique de place*. Vous descendez à l'hôtel Meurice ou à quelque autre hôtel en renom ; vous trouvez là des domestiques tout prêts qui resteront à votre service pendant le temps que vous séjournerez à Paris ; vous partez, les domestiques restent et attendent un autre maître ; ils ont un peu l'air de chasseurs à l'affût des oiseaux de passage que, pour suivre la métaphore, ils plument de bon cœur, au risque de les faire un peu crier.

C'est ici que commence le rôle des petites affiches et des bureaux de placement. Le bureau de placement a été inventé par M. Willaume.

On lisait alors, sur les murs de Paris, des affiches où M. Willaume, en offrant aux célibataires des femmes de tout âge, de toute couleur et de toute fortune, annonçait en *post-scriptum* que *son secrétaire* plaçait des domestiques.

Depuis, les agences matrimoniales et les bureaux de placemens ont odieusement pullulé. Tous les murs, toutes les maisons sont salis de leurs petites affiches imprimées à la main; ce qu'ils ont tous à offrir est tellement identique, que l'un des propriétaires de ces cavernes a imaginé d'envoyer un afficheur chargé seulement de petites bandes où est écrites son adresse; les afficheurs de ces *maisons* ont d'ordinaire mission, tout en placardant leurs affiches, d'arracher celles des *maisons* rivales; celui-ci laisse subsister l'annonce des autres; il se contente de se l'approprier, en superposant la bande où est son adresse et en la substituant à celle de ses émules; par ce moyen ingénieux, il fait du tort à ses cométiteurs et s'épargne des frais d'impression.

C'est des bureaux de placement; c'est de chez M. Brunet *qui ne fait luire que dans les hautes classes de la société le flambeau de l'hyménée*, c'est de chez ses émules que sortent *les bonnes pour tout faire*, elles s'adressent aux petits ménages, elles font la cuisine, frottent, savonnent, gardent les enfans, vont à la provision, coiffent madame, battent les habits et cirent les bottes de monsieur, le tout pour 150 francs par an de gages convenus; plus, le double environ qu'elles trouvent moyen de voler, de connivence avec l'épicier et la fruitière.

Il y a la bonne de garçon, de vieux garçon; celle-là est maîtresse dans la maison; le dimanche, son maître lui donne le bras et la conduit au restaurant; elle fait des économies et compte que son maître en mourant lui laissera cent écus de rente, plus, ce qu'elle enlèvera au moment où il fermera les yeux, car elle aura soin d'écarter les parens et les amis à cette heure suprême, et le pauvre moribond se croira abandonné de gens qui sonnent dix fois par jour à sa porte. Pour plus de détails, nous vous renvoyons à la chanson de M. de Béranger que l'on est convenu d'appeler notre poète.

La femme de ménage est vêtue de noir; elle a éprouvé des malheurs, des revers de fortune. Si elle ajoute qu'*elle n'est pas faite pour servir,* vous vous en apercevrez bien, car vous serez horriblement servi; *elle tient aux égards* et emporte la graisse et les bouteilles laissées à moitié pleines. Elle fait les ménages dans trois ou quatre maisons, et colporte dans chacune les affaires et les secrets des autres; elle donne de l'éducation à ses enfans; son fils est caporal dans un régi- de ligne; sa fille est au Conservatoire.

Il nous reste à parler du portier et de la portière; et, je l'avouerai, c'est avec une sorte de terreur que j'aborde ce sujet; car ce sont les arbitres de notre destinée, et pour rien au monde je ne voudrais me mettre mal avec eux; cependant :

Ils m'ont fait trop de mal pour en dire du bien,

Ils m'ont fait trop de bien, pour en dire tout le mal que j'en pourrais dire.

Si vous prenez la femme pour faire votre ménage, l'homme pour cirer vos bottes, c'est un contrat à vie : quand on ne balaierait vos chambres que tous les quinze jours ; quand on ne vous monterait vos bottes qu'à midi ; quand on ne balaierait pas du tout ; quand vous seriez forcé d'aller chercher vos bottes vous-mêmes ; quand vous ne pourriez lire votre journal qu'après le portier et les amis du portier, — souffrez, mais ne vous fâchez pas avec lui, ne le chassez pas, car alors vous êtes perdu.

Tous les maux de la boîte de Pandore vont fondre sur vous. De ce jour, vous n'y êtes jamais pour vos amis, mais en revanche, vous y êtes toujours pour vos parens et vos créanciers ; vous ne recevez vos lettres que le troisième jour, mais on vous présente la quittance du propriétaire un quart d'heure après l'échéance du terme ; — on ne vous ouvre qu'au cinquième coup de marteau, mais au premier clou que vous fichez chez vous pour accrocher un cadre, on vous transmet les plaintes de toute la maison, et si vous récidivez on vous fait donner congé.

Vous croyez respirer et être sauvé, — nullement : vous cherchez un logement, il faut envoyer prendre des informations sur vous dans le logement que vous quittez ; — là on vous arrange de telle sorte que le propriétaire de votre nouveau logement vous renvoie votre *denier à Dieu*, c'est-à-dire *votre pièce de cinq francs, au portier*. — Dans votre intérêt, chers lecteurs, quoi que vous fasse votre portier, armez-vous de patience, caressez son chien, caressez son chat, caressez son enfant, caressez sa femme, donnez-lui des billets de spectacle ;

— faites tout pour conjurer son ressentiment, ayez toujours le gâteau de miel à la main pour Cerbère ; s'il se fâche, humiliez-vous ; s'il vous insulte, payez ; — s'il vous bat, payez ; — mais si vous vous fâchez, vous êtes perdu.

Il n'y a pas moins de soixante mille domestiques à Paris. Les anciens noms que l'on trouve encore aujourd'hui affectés aux domestiques dans les vieilles comédies, — Champagne, — Picard, — etc., désignaient les provinces d'où on les tirait. Aujourd'hui il en vient de partout. Cependant l'Alsacien se fait d'ordinaire soldat ; Paris fournit également peu de domestiques. Depuis quelques années que le goût des chevaux s'est répandu en France, on recherche pour les écuries des domestiques anglais.

Autrefois il y avait beaucoup de nègres ; le nègre a un peu passé de mode. Il est aujourd'hui fifre ou chapeau chinois dans la ligne. A force de prendre, de renvoyer et de reprendre des domestiques, sans en trouver de meilleurs, on a fini par s'en rapporter un peu au hasard. Un homme écrivait dernièrement à un de ses amis, à la campagne : « Envoyez-moi un domestique qui s'appelle Pierre. » Plusieurs jeunes gens de bonnes familles, qui ont de riches livrées, n'ont rien trouvé de mieux que de prendre des domestiques comme les princes de Peau-d'Ane et de Cendrillon prenaient des femmes. Ils choisissent le premier domestique qui entre sans faire un pli dans l'habit du précédent : cela évite de grandes dépenses, et ils assurent ne pas s'en trouver plus mal.

Je n'ai pas tout dit : il faut parler aussi des gens qui n'ont pas de domestiques.

Trois et quatre fois heureux, — comme dit Virgile, — s'ils connaissaient leur bonheur !

Le logis de ces gens-là se remarque à une propreté pleine de coquetterie; leurs habits sont purs de toute poussière, leurs bottes sont luisantes au dernier degré. Jamais ces gens ne s'impatientent ni se mettent en colère ; — leur visage offre les apparences de la santé et de l'égalité d'humeur : quand ils rentrent chez eux, ils sont sûrs d'avance de retrouver leur logis comme ils l'ont laissé. Leurs pantoufles et leur robe de chambre sont sous la main. Ils usent leurs habits et leurs bottes eux-mêmes.

C'est, au résumé, un état fort heureux que celui de domestique ; et, à proprement parler, c'est le maître qui est l'esclave ; c'est le maître qui travaille pour nourrir, loger et habiller ses gens ; s'il veut de temps à autre, en se donnant certains airs de hauteur, en grondant un peu, reprendre une apparence d'avantage sur les domestiques, ceux-ci savent combien de déboires, de désappointemens et d'humiliations il souffre à son tour pour arriver à soutenir le train de sa maison.

Le valet est plus heureux que le maître.

Plus heureux qui n'est ni maître ni valet.

Goëthe a dit : « On n'est pas heureux si, pour être quelque chose, il faut obéir ou commander. »

XIV.

Quand on va à Chartres, ou plutôt quand on passe par cette ville, après avoir traversé les vastes et monotones plaines de la Bauce, — il vous arrive, pour vous récréer l'esprit, d'avoir à attendre pendant trois heures la voiture qui doit succéder à celle qui vous a amené de Paris. Si, au milieu de la mauvaise humeur qui vous donne nécessairement cette annonce que vous fait froidement le directeur des messageries, il vous advient d'apercevoir par dessus les arbres de la promenade les deux clochers de l'église, je vous en félicite.

Je ne vous ferai pas la description de l'édifice. Si malgré la belle architecture de la cathédrale de Chartres, malgré l'étendue de sa nef, il est de plus belles églises, je n'en ai pas vu qui soit aussi pleine de recueillement et de mysticisme. Le bâtiment presque coupé à jour comme une dentelle, est remarquable pas le nombre, la beauté et l'éclat de ses vitraux, par les sculptures qui entourent la nef, par son pavé de mosaïque, dont les sinuosités, suivies souvent par la piété des fidèles, leur permettent de faire, sans sortir de l'église, un pèlerinage de plusieurs lieues, auquel sont attachées de précieuses indulgences. Mais ce dont j'ai à vous parler aujourd'hui, c'est un coin de l'église où brûlent perpétuellement des cierges bénis devant une madone noire, richement vêtue et étincelante de pierreries. On la nomme Notre-Dame-des-Miracles, et chacun des ornemens qui la parent est un gage de la reconnaissance de ceux qui ont eu recours à sa puissante intercession.

Il y a plusieurs siècles, il y avait à Chartres une veuve jeune encore, et très belle, qui, repoussant toutes les offres d'un second engagement, avait consacré le reste de ses belles années à un fils sur lequel elle avait rejeté toute l'affection qu'elle avait portée à son mari. La nature et ses soins avaient fait de ce fils l'objet de l'envie de toutes les mères, et de l'orgueil de la sienne; en effet, il était beau et bien fait, d'une physionomie noble et douce à la fois, et tout montrait en lui le présage du plus heureux naturel.

Entre autres faveurs, il avait été doué de la voix la plus pure et la plus angélique que l'on eût jamais entendue; et comme sa mère ne lui faisait chanter que de la musique sacrée, dont les paroles ne respiraient que l'amour filial le plus pur et le plus saint et ne dépassaient pas la portée de sa jeune intelligence, il mettait à son chant une expression vraie et naturelle qui arrachait quelquefois des larmes aux quelques amis qu'avait conservés la jeune veuve.

Arriva le mois d'août, et l'évêque de Chartres lui-même vint prier la veuve de permettre que son fils chantât le jour de la plus grande fête de la Vierge. Son âge, la candeur et la beauté de sa figure, la douceur et la sainteté de son naturel, la suave pureté de sa voix lui donnaient tant de ressemblance avec les anges, que son hommage ne pouvait manquer d'être agréable à la mère du Christ, et de toucher à la fois les enfans et les mères qui assisteraient à cette belle cérémonie.

Le jour de l'Assomption, la mère qui, en mettant son mari dans la tombe, avait enseveli avec lui tout désir de plaire, et n'avait jamais quitté ses vêtemens de deuil, retrouva sa coquetterie de jeune femme, pour parer son enfant.

En effet, après que la procession, aux sons noblement religieux dont l'orgue remplissait la nef, se fut arrêtée devant l'autel de Marie, les enfans de chœur cessèrent un moment de jeter des fleurs; et du milieu d'une foule de jeunes garçons de son âge, et le petit Jean s'avança, vêtu d'une tunique blanche, ses longs cheveux blonds ruisselans sur les épaules, et retenus sur son front par une bandelette bleue. Il baisa respectueusement le pavé de l'autel, puis il leva vers la Vierge ses beaux yeux brillans d'attendrissement.

Alors, dans toute l'église, on n'entendit respirer personne, tout le monde était oppressé, et Jean, d'une voix pure, expressive, et telle qu'on se figure celle des anges, chanta :

> Regina cœli, lætare, alleluia.
> Quia quem meruisti portare, alleluia, etc.

Sa mère pleurait de bonheur. Quand arriva la fin de l'hymne *gaudere et lætare, ó virgo Maria*, les enfans de chœur jetèrent sur lui les roses effeuillées qui restaient dans leurs corbeilles, et il se trouva couvert d'un nuage parfumé. Mais quand le nuage fut dissipé, il n'y avait plus rien sous les fleurs, et Jean était disparu. Quelques efforts qu'on fit, il fut impossible de le retrouver. Sa mère et ses amis coururent toute la ville, les magistrats le firent chercher partout, mais tant de soins restèrent infructueux. La pauvre veuve alors refusa de voir personne : elle passait les journées à prier sur la dalle où elle avait vu son fils pour la dernière fois, et les nuits à pleurer et à songer, quand la fatigue appesantissait ses yeux et la forçait de dormir, qu'elle voyait son petit Jean au ciel, chantant sur des nuages roses au milieu des concerts des anges.

Mais les malheurs viennent fondre sur les malheureux, avec la même constance que les sources descendent dans les fleuves. La famille de son mari, qui n'avait jamais consenti à son mariage, lui réclama par voie judiciaire tout le bien de son mari, qu'elle n'avait conservé qu'en qualité de tutrice de son fils, et, après un long procès, elle fut complètement ruinée. La pauvre femme y fit peu d'attention : son mari et son enfant avaient emporté son cœur et son ame, et n'avaient rien laissé en elle qui pût sentir sur la terre. Elle vécut misérablement de la vente de quelques bijoux que l'on n'avait pu lui enlever, et ne manqua pas un seul jour de venir prier dans l'église, devant l'autel de la Vierge.

Il arriva que tous ses bijoux furent vendus, et qu'il ne resta plus rien au monde dont elle pût vivre. Elle eut recours aux parens de son mari, mais pas un d'eux ne daigna seulement l'entendre.

Il ne lui restait plus que le portrait de son mari et celui de son petit Jean, mais mais elle serait morte cent fois avant de consentir à les vendre.

Elle n'avait pas mangé depuis deux jours.

Elle se traîna péniblement à l'église, s'agenouilla sur la dalle, et se mit à prier la Vierge de la faire mourir là — et de la réunir à son fils.

Malgré elle, elle fut distraite par un grand mouvement qui se faisait dans l'église; on couvrait tout de branchages verts et de fleurs, on parait surtout l'autel de la Vierge.

C'était le jour de l'Assomption ! l'anniversaire du jour où elle avait perdu son fils. Elle remercia la Vierge, en songeant qu'elle allait mourir ce jour-là; puis elle se mit dans un coin et se couvrit la tête de son voile de veuve.

Quelques personnes la reconnurent, et n'osèrent la troubler dans son pieux recueillement. Seulement, on s'entretenait tout bas de son malheur, et d'après le bruit public, on accusait les parens de son mari d'avoir fait disparaître l'enfant pour s'emparer de sa fortune.

La cérémonie commença.

La mère ne pleurait pas : seulement, avec une joie indicible, elle se sentait affaiblir à mesure que la cérémonie s'avançait.

La procession se fit comme de coutume, puis s'arrêta devant la chapelle de la Vierge. Alors l'orgue remplit l'église d'une céleste harmonie, l'encens et les fleurs couvrirent les dalles de l'église.

Il y eut un moment de silence, pendant lequel on n'entendit plus rien que les sanglots de la pauvre veuve.

Tous les yeux se tournèrent vers elle, et on la vit mourante, pâle et déguenillée, elle qu'on avait vue si heureuse et si belle un an auparavant. Tout à coup, au milieu du silence, s'éleva pure et suave comme la voix des anges une voix qui chanta :

> Regina cœli lætare, alleluia.
> Quia quem meruisti portare, alleluia.
> Resurrexit, sicut dixit, alleluia.

La mère tomba à la renverse, et toute

l'assistance se mit à genoux en pleurant, car l'ange qui chantait, c'était le petit Jean, sur la même dalle, vêtu de sa tunique blanche ; ses longs cheveux blonds encore ruisselant sur ses épaules, et retenus sur son front par une bandelette bleue.

La mère rampa sur les genoux jusqu'à lui, et le saisissant avec force, semblait craindre qu'on vînt encore le lui arracher. Les enfans de chœur couvrirent la mère et l'enfant d'une pluie de roses ; et, du milieu de l'assemblée, l'évêque, appliquant à la veuve les paroles de l'hymne à la Vierge, prononça d'une voix noble et imposante :

. . . . Réjouis-toi,
Car celui que tu as porté dans ton sein,
Est ressuscité. . . .

L'orgue reprit alors ses mélodies, et jamais plus nombreuse assemblée ne pria avec tant d'onction et de foi.

Le petit Jean raconta son enlèvement

comme un songe qui avait laissé peu de traces dans son souvenir. Il se rappelait seulement qu'une femme, plus belle encore que sa mère, quoique son visage fût noir, l'avait nourri d'un miel délicieux, et qu'il avait mêlé sa voix à des concerts plus harmonieux que ceux de la terre.

On fouilla la dalle sur laquelle avait reparu l'enfant de chœur, et l'on trouva cette statue de la vierge noire.

XV.

Près de Lintz, dans la Suisse autrichienne, est un riche couvent de Bernardins, appelé *Kremsmunster*. Ce couvent a été fondé par un prince bavarois dont le fils fut tué par un sanglier. Un bas-relief d'une médiocre exécution consacre la mémoire de l'accident. L'artiste a pris tellement de place pour son héros qu'il ne lui en est presque pas resté pour le sanglier vainqueur, et qu'il en a fait une sorte de cochon de lait.

Le couvent est entouré d'un large fossé dans lequel on pêche les meilleurs poissons du pays. Des canards sauvages y font leur nid et couvrent l'étang avec leur famille. Tout le pays alentour appartient aux pères; pays de belle chasse s'il en fut jamais.

Il y a dix ou douze ans, je sortais du couvent où j'étais allé rendre visite à l'un des moines, savant horticulteur dont la collection d'œillets est une des plus belles et des plus riches qui soit en Europe. Je vis à peu de distance quatre enfans vêtus de noir, quatre petites filles dont la plus âgée paraissait avoir douze ans. Une domestique les accompagnait; elles se tenaient près d'un tombeau récent, car, seul de tous ceux qui se trouvaient là, il n'était pas encore recouvert d'herbes.

La cloche des Bernardins sonna la prière du soir, et les quatre petites filles se mirent à genoux, et toutes quatre ensemble, courbant leurs têtes blondes, prononcèrent de leur voix enfantine la prière pour les morts.

Grosser Gott, erbarme dich der lieben verblichenen, nimm, etc « Grand Dieu, prends pitié de nos chers morts, etc. »

Je me découvris la tête et je répétai la prière avec elles. Puis quand elles se furent relevées, j'interrogeai la bonne. Les pauvres petites avaient perdu leur mère, morte d'une maladie de poitrine un mois auparavant, et leur père en voyage ne connaissait pas encore le sort d'une femme qu'il idolâtrait. J'embrassai les jolies enfans, et je les quittai attendri de l'impression de tristesse qui était restée sur leurs fraîches figures roses. Toutes quatre étaient jolies, et quoiqu'on ne pût dire qu'elles se ressemblassent, on les aurait reconnues pour sœurs au milieu d'une foule.

Huit années se passèrent. Le hasard me ramena dans la Suisse autrichienne, et je m'empressai d'aller voir le moine et ses œillets.

Rien n'avait changé pour lui; à peine quelques cheveux blancs paraissaient dans son épaisse chevelure; ses plates-bandes venaient de s'enrichir de plusieurs sujets rares et précieux. C'était au mois de juillet, et les œillets se trouvaient en pleines fleurs. Le moine était le plus heureux des hommes.

— Voyez, mon ami, me disait-il, cette gaie verdure et ces nombreux pétales, d'une si précieuse étoffe que la pourpre des rois n'est auprès guère plus fine que la laine de nos robes, et dont les couleurs sont plus suaves et plus riches que celles des pierres précieuses. Tout cela était renfermé dans une graine noire presque impalpable. Certes, mon ami, celui qui plante et celui qui arrose travaillent inutilement, si Dieu, par sa sainte bénédiction, ne fait croître et profiter ce qu'il cultive.

Entre les conquêtes nouvelles du moine, deux beaux œillets n'avaient pas encore été nommés. Tous deux avaient le fond blanc, l'un était panaché d'un beau jaune orangé, l'autre semé de points d'un pourpre presque noir.

— Mon ami, me dit le moine, puisque je

vous revois, vous partagerez mes plaisirs; je nommerai un de ces œillets, et vous, vous nommerez l'autre. Il n'est pas de plus touchante manière de fixer une pensée ou un souvenir.

J'appellerai le mien du nom de mon saint patron, et à cause de ses lignes dorées, auréole de sanct' Johaun.

Quel nom donnerez-vous au vôtre?

— Mon cher père, lui dis-je, attendons encore quelque temps et j'y attacherai peut-être un beau souvenir ; peut-être chaque fois que fleurira cet œillet, aurai-je à adresser au ciel de sincères actions de grâces, je l'appellerai d'une date, et s'il est quelque chose de réel et de stable dans les espérances humaines, si la fleur de l'amandier est un garant du fruit, je l'appellerai *premier décembre*.

—C'est bien froid pour mon pauvre œillet, dit le moine en souriant.

—Mon père, repris-je, le soleil de l'été ne

réchauffe pas toujours le cœur, et le jour le plus brumeux a son soleil pour l'homme heureux.

Comme je sortais du couvent, vers le déclin du jour, la cloche sonna l'heure de la prière du soir, et j'entendis prononcer :

Grosser Gott, erbarme dich der lieben verblichenen.

Grand Dieu! prends pitié de nos chers morts!

Je me retournai, et je vis deux jeunes filles vêtues de noir agenouillées près d'une tombe, une vieille domestique se tenait derrière elles à quelque distance.

Je m'approchai, je me découvris la tête et je dis avec elles :

Grand Dieu! prends pitié de nos chers morts!

Elles me saluèrent d'un gracieux signe de tête en signe de remercîment, et partirent.

Quand elles furent parties, je m'efforçai

de lire l'inscription placée sur la pierre;
voici ce qu'il y avait :

Une mère !
Un père !
Deux enfans !...

Je rejoignis les deux jeunes filles. En voyant
le tombeau, j'avais retrouvé un souvenir.

Il y avait huit ans, j'avais vu quatre enfans toutes jeunes et vêtues de noir près de
ce même tombeau.

Je ne me trompais pas.

Monsieur, me dit la plus jeune des deux,
des quatre enfans deux sont déjà dans cette
tombe; les deux autres vous les avez en-
tendues prier.

Et chacune des deux sœurs jeta sur l'autre un regard furtif; chacune craignait de
voir sur le visage de l'autre les symptômes
de la maladie qui semblait devoir moisson-
ner toute cette famille.

Heureusement, dit la plus jeune, ma
sœur se porte bien.

Heureusement, dit l'aînée, Marthalena est rose et fraîche plus qu'aucune autre fille.

Quelques jours après, je buvais du lait chez une vieille femme, quand Marthalena entra suivie de sa bonne. En la voyant sans sa sœur, je sentis un froid mortel s'emparer de moi. Mon Dieu! pensai-je, serait-elle maintenant seule?

Mais je ne tardai pas à me rassurer; loin qu'elle eut une nouvelle perte à déplorer, le temps de son deuil était écoulé, elle était vêtue de blanc. Sa sœur ne l'accompagnait pas, parce que c'était elle qui chaque soir se chargeait de certains détails de ménage. Pour elle; depuis quelque temps, on lui avait ordonné de boire du lait, et elle obéissait volontiers à une prescription qui lui fournissait le prétexte et l'occasion d'une promenade à la plus belle heure du jour, au coucher du soleil.

L'un et l'autre nous venions tous les jours

chez la vieille femme; elle me saluait avec un sourire amical et paraissait contente de me voir.

Je ressentais pour elle une vive amitié mêlée d'un indéfinissable sentiment de tristesse. Dans l'espace d'un mois, ses joues s'étaient creusées, à ses fraîches couleurs avaient succédé des couleurs plus dures et plus sombres. J'aimais à lui procurer quelque amusement par mes récits — par tous les moyens que je pouvais imaginer. Je voulais presser un peu les plaisirs dans le court espace de temps qu'elle avait peut-être à vivre. — Puis je me laissai prendre à une idée d'une sottise achevée, je me figurai qu'il serait ridicule aux yeux de tout le monde, à ceux de Marthalena elle-même, qu'un homme aussi jeune que moi passât toutes ses soirées à la campagne, seul avec une fille jeune et jolie, sans lui faire la cour ; si bien qu'un jour je lui fis une déclaration d'amour en *lieux communs* ; — elle parut étonnée, et dans sa surprise il y avait de la tristesse, baissa les yeux, rêva un moment et me dit : J'en suis fâchée, car je ne vous aime pas, je ne vous aime pas d'amour. J'en aimais un autre avant de vous connaître, j'attends mon promis, il viendra dans deux mois.

Je rougis un peu et je me mordis les lèvres; mais elle ajouta avec un naturel charmant et du ton le plus amical en tirant un médaillon de son sein et en me le faisant voir des deux côtés.

—Tenez, *mon ami*—voilà son portrait —et voilà de ses cheveux.

Elle regarda quelque temps le portrait et remit le médaillon dans son sein, puis elle ajouta tristement : — Je suis bien fâchée que vous m'aimiez—j'avais arrangé cela autrement — vous auriez été *son* ami — *notre ami*; vous l'auriez aimé. Il y avait dans le son de sa voix quelque chose de si vrai, de si profondément senti, que je sacrifiai ma vanité et exposai un peu la sienne.

—Marthalena, lui dis-je, je vous ai parlé comme un écervelé, pardonnez-moi de vous avoir traité comme on traite toutes les femmes d'ordinaire; il m'a semblé qu'un jeune homme ne pouvait rester auprès d'une jolie fille comme vous sans lui faire la cour; mais quoique vous possédiez tout ce qui peut tourner la tête et captiver le cœur; quoique vous me soyez chère sous une foule de rapports, je vous ferai un aveu qu'à aucune autre femme je n'oserais faire — je ne vous aime pas d'amour — je veux être *son ami* —votre ami —

—Oh! tant mieux—dit-elle, et elle me tend it la main.

— Et que faites-vous ici ?

— J'attends, dis-je, une lettre qui me rendra peut-être bien heureux. C'est aussi d'un mariage qu'il s'agit pour moi, et, à moins d'un accident que rien ne semble annoncer, je serai marié le premier décembre.

—Je suis ravie, répéta-t-elle, que vous

soyez promis, cela me permet de laisser voir mon amitié pour vous. Oh! vous aimerez Wilhem et Wilhem vous aimera; il est si beau, si bon, si brave, si généreux!

Souvent elle me montra le portrait de son promis : c'était, en effet, une douce et heureuse physionomie.

Moi, je lui parlais aussi de la femme que j'aimais; moins heureux qu'elle, je n'avais pas de portrait, mais elle m'écoutait si bien, je lui parlais si longuement, qu'elle la connaissait, et qu'elle assurait qu'elle la reconnaîtrait si le hasard la lui faisait rencontrer.

Quelquefois sa sœur venait avec elle, et il ne me fut pas difficile de voir qu'elle partageait mes inquiétudes. Elle observait Marthalena dans les momens où celle-ci ne pouvait la voir, et elle redoublait pour elle de caresses et de sentimens affectueux, lui évitant, sous les prétextes les plus ingénieux, jusqu'à la plus légère fatigue.

Pendant huit jours, Marthalena ne vint pas au verger de la vieille femme; quand je la revis, elle me dit qu'elle avait été malade; elle était horriblement pâle et amaigrie, et ses yeux scintillaient bizarrement dans leur orbite. Elle me montra une lettre de Wilhem; son retour était retardé d'un mois.

— Un mois, dit-elle, c'est bien long!

Elle se tut quelque temps, mit la main sur sa poitrine, qui lui faisait mal, et dit :

Un mois, c'est bien long!... est-ce que je ne le reverrais pas?

Et elle se prit à pleurer.

Je ne trouvai rien à dire d'abord, et je sentis quelques larmes rouler aussi dans mes yeux; mais je ne tardai pas à me reconnaître, et je lui dis tout ce que je crus capable de lui donner du courage et de la sécurité, et de lui rendre pour quelques instans les riantes idées qui semblaient la fuir en même temps que la santé.

Ce soir là, sa sœur était plus triste encore que de coutume ; et quand nous nous séparâmes, ce qu'elle n'avait jamais fait, quoique Marthalena n'y manquât jamais, elle me serra la main.

Quelques jours après, je reçus une lettre. Au lieu de celle que j'attendais, c'était une lettre triste et menaçante. Un ami m'avertissait que des obstacles insurmontables se présentaient ; je partis. Marthalena me dit en recevant mes adieux : Revenez quand vous aurez triomphé des obstacles, Wilhem sera ici. Je me porte bien maintenant ; le ciel a exaucé les prières de ma sœur, les vôtres, et les miennes ; je puis maintenant attendre Wilhem ; la mort a un moment plané sur ma tête, j'ai senti l'ombre froide de ses ailes noires ; elle a passé outre.

Je la regardai ; jamais je ne l'avais vue aussi pâle, jamais ses yeux n'avaient brillé d'un feu aussi sombre ; je partis le cœur serré.

Pour moi, je ne trouvai que sujets de larmes et de désespoir. Tout était perdu, je crus que je deviendrais fou de rage et de douleur. Puis je tombai dans l'abattement, et une torpeur plus triste mille fois que le désespoir. Je fus quelque temps malade ; puis on prétexta le soin de quelques affaires pour m'envoyer encore dans la Suisse autrichienne.

Je n'eus rien de si pressé que d'aller voir mon ami le moine au couvent de Kremsmünster, si ce n'est toutefois de voir Marthalena, de lui raconter mes malheurs et de pleurer avec elle. Mais la vieille femme du verger n'y était plus ; et je remis au lendemain à aller voir les deux sœurs.

Je me dirigeai donc vers le couvent, et je hâtais le pas, car je craignais de ne pouvoir arriver avant la prière du soir. En effet, comme j'approchais, à cause des jours plus courts, je distinguais avec peine les flancs de l'édifice. Mais j'entendis tinter la cloche.

—Allons, dis-je, il faut que j'attende que la prière soit récitée, car les pères n'avaient pas coutume d'admettre des étrangers pendant le temps consacré aux exercices religieux.

La soirée était belle, il ne restait à l'horizon qu'une lueur purpurine qui s'effaçait; tout le reste du ciel s'étoilait magnifiquement.

Comme je contemplais en marchant cet imposant spectacle, j'entendis une voix qui disait:

Grosser Gott, erbarme, etc.

Grand Dieu! prends pitié de nos chers morts!

Cette voix me fit tressaillir.

Je m'approchai, et agenouillé près d'une tombe, je vis une jeune fille vêtue de noir.

Une vieille femme était derrière elle.

Je m'approchai encore; c'était la sœur de Marthalena. Elle me reconnut, et, se jetant dans mes bras en pleurant, elle me montra le tombeau et me dit :

— Wilhem n'arrivera que demain.

Nous priâmes ensemble sans nous rien dire.

La lune cependant se levait derrière de gros tilleuls, elle éclaira le tombeau et aussi le visage de la jeune fille. Son visage était pâle et amaigri comme celui de Marthalena, le jour de mon départ.

Hélas! me dis-je quand je l'eus quittée, qui la pleurera; elle, la dernière?

J'ajoutai le soir à ma prière la promesse de rester pour faire au moins une prière sur le tombeau de la dernière des quatre sœurs, car celle-ci était déjà atteinte, et à un haut degré, du mal héréditaire qui avait fait de si horribles ravages dans sa famille.

Le lendemain j'allai au couvent, tout préoccupé encore de ces tristes impressions et de mon propre malheur.

Le moine me reçut avec un sourire bienveillant.

— Eh bien! dit-il, quel nom donnons-nous à l'œillet?

— Mon père, lui dis-je, ses pétales sont tachés de larmes de la couleur du sang; appelez-le *Bonheur de l'homme.*

Sans doute plusieurs voyageurs en admirant la riche collection du moine de Kremsmunster, ont entendu ce nom, sans soupçonner quels tristes souvenirs il rappelle à quelqu'un qui est aujourd'hui bien loin de là.

XVI.

M. Ouvrard, enfermé à Sainte-Pélagie pour une dette de trois millions qui, aux termes de la loi, devait se trouver éteinte à l'expiration de la cinquième année, disait : Que l'on me donne un moyen de gagner ces trois millions en un moindre espace de temps, et je sors dès demain. C'était un excellent argument contre l'emprisonnement pour dettes. La peine infligée par la loi à M. Ouvrard se trouvait être pour lui la meilleure spéculation qu'il pût faire.

Cet argument, légèrement modifié, peut résoudre le problème des difficultés extrêmes que rencontrent les tentations pour l'extinction de la mendicité.

Je parle des mendians de profession.
— Le mendiant de profession dira : Donnez-moi un métier qui me rapporte autant avec aussi peu de peine, et je le ferai.

Il n'y a pas, en effet, un mendiant de profession, qui ne gagne par jour trois ou quatre fois ce que peut gagner le meilleur ouvrier; et le mendiant est d'autant plus riche, qu'il s'est placé naturellement en dehors de certaines dépenses de convention que doit faire l'ouvrier. L'ouvrier s'habille convenablement, et a un logis proprement meublé, soigné; le mendiant peut se loger pour un sou par nuit, brave le préjugé du linge blanc, et ne s'habille que pour ne pas avoir à ce sujet de différens avec la police. Il n'a qu'un semblant de culotte, une apparence de souliers, un simulacre de veste; il a donc pour boire, manger et élever honorablement sa famille, quatre ou cinq fois autant d'argent que l'ouvrier, qui à quatre ou cinq fois autant de besoins, de sorte qu'il est huit ou dix fois plus riche. Ceux-là surtout sont riches et bénis du ciel, qui sont assez heureux pour posséder un talent ou une infirmité.

Joueurs de violons, ou boiteux,

Sauteurs ou aveugle,

Chanteur ou manchot,

Jongleur ou cul-de-jatte,

Avaleur de sabre ou poitrinaire

Joueur de harpe, de clarinette, de guitare ou épileptique,

Gaudeant bene nati.

Sans parler de ceux qui réunissent, sans honte du cumul, les talens aux infirmités, qui profitent de ce qu'il n'ont pas de bras pour écrire avec le ventre, etc... L'homme qui n'a ni bras ni jambes, seulement une sorte de tête et un ventre et joue de l'orgue de Barbarie avec un moignon, est plus riche que vous ni moi ne le serons jamais.

Il vient dans ma cour, plusieurs fois par jour, des chanteurs et des joueurs d'instrumens; chacun de ces mendians emporte une dizaine de sous, pour un quart d'heure qu'il exerce ses talens. S'ils travaillent six heures par jour, c'est douze francs que leur vaut chaque journée, cela fait plus de quatre mille francs par an. Il y a prodigieusement de familles d'employés qui vivent avec dix-huits cents francs.

Il n'y a pas si petite table dont il ne tombe des miettes, pas de pauvre homme qui n'ait ses parasites. Il y a des gens qui vivent des aumônes des mendians, et qui vivent fort convenablement de ce métier. Quand un aveugle n'a pas de chien, il se fait conduire par une femme à laquelle il donne vingt sous par jour et la nourriture; cela vaut soixante francs par mois, bien des soldats retraités vivent avec moins. Moi-même, quand je quittai à dix-sept ans la maison paternelle, je vécus pendant quelque temps avec deux camarades, moyennant soixante francs, que je gagnais en enseignant le latin

que je savais et le grec que je ne savais pas.
Il faut dire que c'était une vie âpre et difficile; que nous allions nous-mêmes chercher l'eau à la fontaine, prenant notre rang parmi les porteurs d'eau, et que si notre joyeuse insouciance nous eût permis de faire un relevé exact, le nombre des jours se rait trouvé supérieur à celui des dîners

Le mendiant vit d'une perpétuelle souscription nationale, semblable à celles que l'on fait quelquefois pour élever de magnifiques tombeaux de marbre aux grands hommes, ou réputés tels, que l'on a laissés mourir de faim.

Au milieu de cette agitation continuelle, de tout ce mouvement que chacun se donne pour gagner sa vie, vie de luttes, d'incertitudes, d'anxiétés, lui seul ne fait rien, et reste tranquille au coin de sa borne, au soleil; tous ces gens qui remuent sont ses esclaves et ses tributaires : ils travaillent pour lui, et lui paient une dîme.

Un mendiant, en faisant des tours de force et d'équilibre, laissa tomber son enfant, et lui cassa une jambe; il le ramassa, et l'embrassa en pleurant de joie. Maintenant, dit-il, je n'ai plus aucune inquiétude pour ton avenir; tu as un bon métier dans les mains; que Dieu te soit en aide; et, avec une jambe de moins, tu es sûr de faire ton chemin.

Quoique en ces temps de liberté, où l'on voudrait inventer de nouveaux jougs pour avoir le plaisir de les briser, on ait mauvaise grâce à demander des entraves pour aucun genre d'industrie, nous voudrions que l'on obligeât à vivre heureux et riches, dans un asile consacré aux pauvres, certains troncs difformes, certains lépreux, certains lambeaux d'hommes qui semblent corrompre l'air et salir le soleil.

Sur le boulevart, non loin du passage des Variétés, je rencontrai un soir, vers onze heures et demie, une femme d'une trentaine d'années, enveloppée d'un mauvais schall brun. Monsieur, me dit-elle en tendant la main, quelque chose pour mon pauvre petit enfant, auquel je ne puis plus donner le sein, faute de nourriture.

Cette femme avait dans la voix quelque chose de si malheureux, que je m'empressai de lui donner quelques secours.

Il y a de cela trois ans.

Avant-hier, j'ai encore rencontré la même femme qui, toujours enveloppée de son grand schall brun, un peu plus mauvais que la première fois que je la vis, s'avança vers moi et me dit : Monsieur, quelque chose pour mon pauvre petit enfant, auquel je ne puis plus donner le sein faute de nourriture. Comment! dis-je dans un accès de naïf étonnement, il téte encore? La femme me quitta en murmurant.

Il y a quelque mois, pendant l'hiver, je crois que la police y a mis ordre depuis, on vit, attaché au pied d'un arbre, sur les boulevarts, un petit enfant, demi-nu, tout bleu de froid et pleurant.

Cet enfant à coup sûr n'avait pas deux ans; à côté de lui était une sébile, dans laquelle les passans jetaient leur offrande.

Il paraît que la spéculation était bonne, car, deux jours après, on rencontrait à chaque instant des enfans à moitié nus, attachés au pied des arbres.

Le spéculateur se tenait à l'écart, se contentant d'inspecter; ou si ses moyens lui permettaient d'avoir plusieurs enfans attachés à différens arbres, il se promenait de 'un à l'autre pour veiller à ses intérêts.

1 On a souvent dit en parlant du laboureur auquel ses enfans tiennent lieu de garçons de charrue, de faneurs, de moissonneurs, de vendangeurs, les enfans sont la fortune du pauvre.

Cela s'appliquerait plutôt encore au pauvre mendiant qu'au pauvre laboureur; les pauvres font des enfans, comme d'autres font de la toile : c'est une simple spéculation. Si une femme de mendiant accouchait d'un monstre, on lui dirait : Le fruit de vos entrailles est béni. Ceux qui n'en peuvent faire ont une ressource, ils en louent; c'est un trafic très connu et très bien établi. Les enfans se louent plus cher à proportion qu'ils sont plus pâles et plus chétifs, qu'ils paraissent plus malheureux et plus souffrans; on les paie de dix sous à trois francs par jour; pour qu'un enfant rapporte trois francs par jour, il faut qu'il soit presque mort. On fait une remise à ceux qui louent des familles entières, et on donne le treizième par dessus le marché. Tout cela est horrible!

XVI.

Un soir, le jeune musicien Rodolphe Arnheïm et Berthe, la plus jolie des filles de Mayence, se trouvaient seuls. Rodolphe et Berthe étaient *promis*, et cependant ils allaient être séparés le lendemain. Rodolphe partait pour une province éloignée. Pendant deux ans, il devait y prendre des leçons d'un maître habile; puis à son retour le père de Berthe lui résignerait ses fonctions de maître de chapelle, et lui donnerait sa fille.

— Berthe, dit Rodolphe, jouons encore une fois ensemble cet air que tu aimes tant. Quand nous serons séparés, à la fin du jour, heure des pensées graves, nous jouerons chacun notre partie, et cela nous rapprochera.

Berthe prit sa harpe, Rodolphe l'accompagna avec sa flûte, et ils jouèrent plusieurs fois l'air favori de Berthe. A la fin, ils se prirent à pleurer, et s'embrassèrent : Rodolphe partit.

Tous deux furent fidèles à leur promesse. Chaque soir, à l'heure où ils s'étaient vus pour la dernière fois, Berthe se mettait à sa harpe, Rodolphe prenait sa flûte, et ils jouaient chacun leur partie. Cette heure du soir est solennelle et mystérieuse, elle dispose invinciblement à la rêverie ; dans les vapeurs qui montent rougeâtres à l'horizon, il semble que l'on voit apparaître vivans et animés tous ses souvenirs, toutes ses journées, les unes riantes et couronnées de roses, les autres pâles et voilées d'un crêpe.

A cette heure, le dernier frémissement

du vent dans les feuilles semble moduler les airs auxquels nous rattachons de doux ou de tristes souvenirs : la musique est la voix de l'ame.

Rodolphe par moment s'arrêtait; il lui semblait entendre se mêler aux sons de sa flûte les vibrations de la harpe de Berthe. Deux ans se passèrent ainsi.

Un soir, Berthe se trouvait avec son père sous la tonnelle de leur petit jardin. Cette tonnelle était formée par cinq grands acacias, qui mêlaient dans le haut leur feuillage et leurs grappes blanches et parfumées; entre les acasias, des lilas d'un vert sombre fermaient les espaces vides de leur feuillée épaisse : trois ou quatre chèvrefeuilles grimpaient autour des acasias, et laissaient pendre de longues guirlandes fleuries.

A travers l'entrée étroite laissée à la tonnelle, on voyait à l'horizon une bande de pourpre produite par les reflets du soleil couchant. C'était l'heure consacrée aux souvenirs : Berthe joua sur la harpe son air favori ; mais tout à coup elle s'arrêta pour écouter.

Tout était silence ; le vent même à cette heure cesse d'agiter le feuillage. Berthe recommença l'air, et elle entendit encore la flûte de Rodolphe l'accompagner.

C'était Rodolphe qui revenait.

Deux ans après, Rodolphe et Berthe possédaient une charmante petite fille, fruit chéri d'un union que le père de Berthe avait béni avant de mourir. Rodolphe était maître de chapelle, et le revenu de sa place donnait aux deux jeunes gens une aisance suffisante.

Rodolphe venait d'acheter une jolie petite maison. Derrière se trouvait un épais couvert de tilleuls ; devant, une verte pelouse sur laquelle se roulait l'enfant. Les murailles blanches étaient tapissées par de grands rosiers du Bengale ; et puis tout cela fermait si bien, il n'y avait pas la moindre fente aux portes par laquelle pût pénétrer un regard du dehors : les gens heureux sont d'un accès difficile.

Alors mourut l'enfant, et Berthe mourut de chagrin quelques mois après.

Quand elle sentit sa fin approcher, elle dit à Rodolphe : — En vain je veux me rattacher à la vie par mes prières; il faut que j'aille rejoindre notre enfant, que je t'abandonne, et que j'aille t'attendre dans une vie meilleure. Si la puissance reste aux morts de reparaître sur la terre, tu me reverras; mon ombre errera autour de toi, car mon ciel c'est le lieu où est Rodolphe. Quand le jour sera venu où nous pourrons nous réunir, je viendrai te chercher, et nos deux ames confondues s'élèveront pour ne plus redescendre sur une terre où elles n'auront plus aucun lien. Chaque année, au jour de ma naissance, heureux ou malheureux, aimé ou abandonné, triste ou gai, à l'heure où le soleil se couche, à l'heure où les prières montent au ciel avec les sons de la cloche du soir et le parfum qu'exhalent les fleurs avant de fermer leur calice, tu joueras cet air qui a si long-temps pour nous charmé les douleurs de l'absence, seule consolation qui te restera dans une bien longue absence. Cette musique sera plus harmonieuse à mon ame que les concerts des séraphins.

Puis elle l'embrassa et mourut.

Rodolphe devint fou. On le fit voyager quelque temps. A son retour, sa tête était plus calme, mais une sombre mélancolie s'empara de lui et ne le quitta plus. Il se renferma dans sa maison sans y vouloir recevoir personne, sans vouloir sortir et aller nulle part. Il laissa la chambre de Berthe telle qu'elle se trouvait au moment de sa mort, le lit encore défait, la harpe dans un coin.

Quand arriva le jour de naissance de

Berthe, il se para, ce qui ne lui était pas encore arrivé. Il remplit la chambre de fleurs; et, lorsque vint le soir, il s'enferma et joua sur la flûte l'air qu'ils avaient si souvent joué ensemble.

Le lendemain, on le trouva étendu raide sur le plancher. Quand il reprit ses sens, il était redevenu fou; il fallut encore le faire voyager. Au bout d'une année, il revint dans sa maison; son cerveau paraissait rétabli, seulement il était triste et silencieux.

Arriva encore le jour de naissance de Berthe, il remplit la chambre de fleurs fraîches, et, vers le soir, il s'enferma, paré comme au jour de ses noces; puis il joua sur sa flûte toujours le même air.

Le lendemain, on le trouva encore étendu par terre.

Mais, quand on voulut l'emmener, il dit froidement que, si on ne le laissait pas dans la maison où était morte sa femme, il se tuerait. On crut devoir lui céder, d'autant que sa raison ne paraissait pas ébranlée de ce nouvel accident.

Voici ce qui lui était arrivé :

Au premier anniversaire, dès qu'il avait joué, les cordes de la harpe avaient vibré, et d'elles-mêmes accompagné la flûte.

Quand il s'arrêtait, les sons de la harpe s'arrêtaient de leur côté.

Au second anniversaire, pensant qu'il avait été victime d'une illusion, il recommença, et la harpe joua sa partie; il cessa, et les sons de la harpe cessèrent; il porta la main sur les cordes, et sa main sentit les dernières vibrations de ces cordes.

Aux deux fois, il était tombé frappé de terreur, et avait passé toute la nuit dans un profond évanouissement.

Mais il finissait par s'habituer à cette violente émotion, et à n'y trouver plus qu'une sorte de plaisir poignant.

Toutes ses soirées et la plus grande partie de ses nuits se passaient ainsi. Ses joues se creusaient; ses yeux seuls paraissaient vivans au fond de leur orbite, et brillaient d'un éclat surnaturel : il n'avait plus de vie que précisément de quoi sentir et souffrir.

Un ami que le hasard ou une fatuité de constance lui avait conservé dans son malheur s'alarma, et voulut savoir ce que Rodolphe faisait dans cette chambre. Il dit qu'il jouait de la flûte, et que l'ombre de Berthe jouait de la harpe ; que la mort était bien réellement le commencement d'une autre vie; qu'à mesure qu'il se sentait mourir, il se sentait vivre plus intimement avec la femme qu'il avait tant aimée; que, pendant cette mystérieuse harmonie qu'il entendait tous les soirs, il lui semblait voir Berthe à sa harpe; qu'il se trouvait heureux, qu'il ne désirait rien de plus, et ne demandait rien au ciel ni aux hommes.

C'était le troisième anniversaire de la

naissance de Berthe. Rodolphe remplit encore la chambre de fleurs; lui-même était paré d'un bouquet. Il avait jonché le lit de la morte de roses effeuillées.

Puis, au soleil couchant, il prit sa flûte et joua l'air de Berthe.

L'ami s'était caché derrière une draperie; il frissonna en entendant les sons de la harpe se mêler à ceux de la flûte. Rodolphe se mit à genoux, et pria.

La harpe alors continua seule; on voyait les cordes vibrer, sans qu'aucune main les touchât. Elle joua une musique céleste que personne n'avait jamais entendue, et que personne n'entendra jamais. Puis elle reprit l'air de Berthe; et quand il fut fini, tout à coup toutes les cordes de la harpe se brisèrent, et Rodolphe tomba sur le parquet.

L'ami resta quelque temps aussi immobile que son ami; puis, quand il alla pour le relever, Rodolphe était mort.

XVII.

C'est surtout quand on voit certains goûts qui remplissent et rendent heureuse la vie d'un homme, que l'on comprend bien que chacun à besoin d'avoir sa madone de plâtre ou de bois qu'il puisse parer à sa fantaisie.

C'est ce qui explique comment des hommes souvent très supérieurs consacrent toute leur vie à quelques fleurs, à quelques insectes, quelquefois à un seul insecte, à une seule fleur, tant un instinct admirable ou quelquefois peut-être une sage philosophie leur enseigne à rétrécir la sphère de leur vie.

Quand on entre dans le jardin d'un horticulteur, et surtout d'un horticulteur qui s'est voué à une culture spéciale, il est difficile au premier abord de comprendre quel est l'attrait qui le fixe dans son jardin cinq heures par jour, à l'ardeur du soleil.

Un terrain sec, gris, sans ombrage, sans verdure presque, dans un coin quelques bâtons verts; dans un autre coin quelques feuilles à peu près vertes.

Il y a pourtant là toute la vie d'un homme et toute une vie heureuse. Chaque année, un mois de jouissance, et onze mois de souvenirs et d'espoir bien plus doux encore que la jouissance même. Mais après que vous avez regardé de plus près des fleurs rares et précieuses par elles-mêmes, d'autres auxquelles se rattachent des souvenirs, vous sortez du jardin tout autre que vous n'y êtes entré; vous voyez dans ces calices colorés une partie des trésors qu'y admire leur heureux possesseur. Ce jardin si vide en entrant, vous paraît alors peuplé. Vous avez déjà des prédilections; vous préférez la tulipe violette à la tulipe pourpre, et vous y revenez à plusieurs reprises; vous vous inquiétez un peu d'un grand rosier qui porte ombre à celle-ci, vous arrachez une herbe parasite qui a échappé à la sévère vigilance du maître; vous félicitez de bonne foi l'horticulteur qui vous présente une tulipe unique : on ne la trouverait dans aucune collection, ni à Paris, ni à Harlem. Il lui a donné le nom d'un de ses amis. A cent lieues de là, cet ami en a fait de même à son égard pour une autre tulipe à laquelle il a, à son tour, donné son nom.

Tout le monde sait quelles folies a causé le goût des tulipes, non seulement en France, mais dans toute l'Europe, à une époque fort rapprochée de nous. Voici un trait qui nous revient en la mémoire.

Un fleuriste de Harlem avait une tulipe, une tulipe, sa joie et son orgueil; elle était d'une forme parfaite, son vase était régulier et élégant; deux couleurs bien distinctes ressortaient sur un fond blanc satiné, et les onglets, c'est-à-dire le bas de chaque pétale, étaient d'un blanc pur. Il passait ses journées entières à la contempler, et chaque jour il y découvrait de nouvelles beautés.

Aux premiers jours de juin, quand la fleur était flétrie, il la déterrait, débarrassait la bulbe des petits cayeux qui l'entouraient, et les plaçait dans un endroit bien sec; puis il attendait le mois de mai. Et on l'enviait et on le haïssait, car il était heureux. Un jour un voyageur auquel il avait montré sa tulipe, lui apprit que la pareille existait à Paris au faubourg du Temple. La vie de notre homme fut dès lors empoisonnée sa tulipe avait perdu tous ses attraits. Un jour il n'y put plus tenir, il partit pour Paris, paya la tulipe ménechme trois mille francs, l'écrasa sous ses pieds et revint heureux : la sienne était unique.

Mais rien ne donnera une idée aussi juste

du dégré d'exaltation où l'on était arrivé pour les tulipes que de transcrire quelques marchés conclus à cette époque, marchés constatés par des actes encore existans.

Une tulipe d'un mérite médiocre, nommée *vice-roi*, fut vendue pour les objets suivans : quatre tonneaux de froment, 900 fr.; huit idem de seigle, 1,140 fr.; quatre bœufs, 1,000 fr.; huit cochons, 500 fr.; douze moutons, 260 fr.; deux tonneaux de vin, 158 fr.; quatre idem de bière, 70 fr.; deux idem de beurre, 400 fr.; mille livres de fromage, 250 fr.; un lit complet, 215 fr.; un paquet d'habits, 180 fr.; un gobelet d'argent, 130 fr.; total, 5,195 fr.

Un ognon, *l'amiral Liefkens* fut vendu 9,000 fr.; un autre, *Semper Augustus*, fut payé 5,500 florins, c'est-à-dire 12,000 fr.; une *couronne blanche* fut vendue 1,090 fr.; à cette condition que l'acheteur placerait en outre, lui-même, quatre vaches dans l'étable du vendeur. Une *couronne jaune* fut vendue pour 1,125 francs, et de plus une calèche tout attelée de deux chevaux bais. Pour quinze tulipes, on donna soixante arpens de terre évalués 35,000 fr. Un femme acheta un ognon d'une autre femme, moyennant 3,700 fr., plus sa belle robe en soie gorge de pigeon, et une chaîne en argent. En vente publique, aux enchères, ont été vendues les tulipes d'un aubergiste à Alkmaar appelé Wouter Bartholomœus, 190,000 fr.

Sur la fin de 1637, les principaux cultivateurs de tulipes se réunirent à Amsterdam pour mettre un terme à cette espèce de folie, qui ne s'était pas seulement emparée des riches, mais de toutes les classes de la société, et commençait à produire des effets très pernicieux. Un grand nombre d'ouvriers ne voulaient plus travailler et aimaient mieux courir après les chances de ce trafic. Il fut donc convenu, avec le consentement et l'approbation des magistrats et bourgmestres que l'on ne pourrait plus vendre une tulipe, à moins que de prévenir l'autorité de l'acte passé, et, en cas de refus, de conclure les marchés entamés au 24 février 1637, que le vendeur serait indemnisé en recevant de l'acheteur, dix pour cent. Tous les marchés faits antérieurement à cette date furent reconnus valables. Une telle mesure porta un coup si violent à ce trafic extraordinaire, que peu de semaines après, on pouvait acheter pour 50 fr. des tulipes qui s'étaient vendues 5,000 fr.

Ce qui a donné lieu à cette valeur extraordinaire des tulipes durant quelques années, c'est que, pendant le règne de Louis XIII et la régence d'Anne d'Autriche, il était d'usage en France, parmi les seigneurs de la cour, d'offrir aux femmes des tulipes coupées du plus grand prix.

Quand une femme avait accepté une tulipe,

c'était une marque de grande faveur, et elle la portait attachée au côté gauche à la ceinture; mais aussitôt que l'on sut à Paris la baisse de ces fleurs, les dames de la cour n'en voulurent plus : la grande mode des tulipes passa ainsi.

Plusieurs fortunes et un plus grand nombre de ruines ont pour origine cette bizarre passion des tulipes. Méhul était un grand amateur et en possédait une riche collection; on a prétendu que Méhul avait été ruiné par les tulipes. C'est un de ces bruits auxquels leur bizarrerie donne du crédit; mais Méhul, qui était arrivé à Paris sans souliers, comme il le disait spirituellement lui-même, a laissé plus de 250,000 fr. à sa famille, et c'était une jolie fortune à une époque où les artistes étaient beaucoup moins avancés en industrie qu'aujourd'hui.

Voici les qualités que l'on exige d'une belle tulipe, qualité dont une seule absente ferait reléguer une tulipe hors des plates-bandes qui se respectent.

La tige de la tulipe doit être haute, droite, flexible ; le *vase* de la fleur d'une coupe élégante et régulière, et sa base arquée en dedans ; l'extrémité des pétales doit être arrondie, et les *onglets*, c'est-à-dire le bas de ces pétales, blancs. La fleur doit être à fond blanc, et présenter en outre deux autres couleurs bien distinctes.

L'un de nos plus savans horticulteurs, M. Pirolle, était l'ami le plus intime de Méhul ; ils cultivaient ensemble leurs tulipes dans un jardin situé à Pantin, non loin de l'église. C'est des *semis* seulement que l'on peut attendre des variétés nouvelles, et les deux amis semaient beaucoup, mais une tulipe semée ne fleurit qu'au bout de trois ans. Il y avait un semis sur lequel tous deux fondaient de grandes espérances, mais avant que les tulipes eussent fleuri, Méhul mourut.

Les poètes ont souvent parlé du deuil de la nature à propos des douleurs de l'homme, nous avons au contraire été frappé fréquemment de l'indifférence de la nature pour nos joies comme pour nos peines. Étant encore enfant, j'ai vu noyer un homme : quatre fois il reparut sur l'eau avec d'horribles convulsions ; les yeux hors de la tête, les dents incrustées les unes dans les autres, il disparut enfin sous une touffe de nénuphars et de fraisiers d'eau. Tandis que le malheureux expirait sous leurs feuilles dans d'affreuses tortures, le soleil dorait les fleurs jaunes des nénuphars et les fleurs blanches des fraisiers dans lesquelles des mouches joyeuses venaient s'enfoncer en bourdonnant. Le soleil n'était pas moins vif, les fleurs pas moins parfumées, et la rivière ne coulait pas moins paisiblement. Après la mort de Méhul, en 1817, des tulipes qu'il avait semées avec son ami, il y en eut une d'une grande beauté, elle était d'une parfaite régularité, et sur son fond blanc satiné se jouaient des rubans noir et pourpre mêlé de feu.

M. Pirolle lui donna le nom de *tombeau de Méhul*; nom sous lequel elle est fort connue des amateurs. Il y a quelque chose de triste et de gracieux à la fois à se représenter une riche fleur servant de tombeau à l'ame d'un musicien — les plus grands poètes entre les hommes — et de sentir monter au ciel en doux et faible parfum ce qui autrefois s'exhalait en touchante harmonie.

Il y a une belle pensée de Young: *Nos désirs croissent sur le soir de la vie, comme les ombres s'allongent au déclin du soleil.* Rappelons en effet nos *bonheurs* à différentes époques de notre vie; nous n'en trouverons pas de si complet que celui que nous éprouvions à poursuivre, par les beaux jours d'été, dans les champs épais de luzerne aux fleurs violettes et roses, les papillons de toutes sortes qui y voltigent, semblables à d'autres fleurs détachées par le vent.

Après cette heureuse époque de l'enfance, cette innocente passion, la chasse aux insectes a laissé dans ma mémoire des souvenirs qui se rattachent aux plus beaux momens de ma vie. Je me rappelle encore ces longues promenades dans les allées sombres des bois de Bondy, dans ces allées où l'herbe amortit le bruit des pas. Je me rappelle les rayons furtifs que glissait le soleil à travers les branches entrelacées ; je sais encore où sont ces doux tapis de mousse où se sont empreints de petits pieds dont le seul bruit encore aujourd'hui me ferait pâlir.

À l'époque où l'on coupe les grains, à l'heure où le soleil est dans toute sa force, vous avez souvent entendu partir des chaumes, un stridulement semblable, par sa monotonie, au croassement que font, pendant les nuits chaudes, entendre les grenouilles dans les marais. Ce bruit, cet espèce de gazouillement, vient des sauterelles qui le produisent, non par des organes analogues à ceux qui, chez les autres animaux, sont destinés à l'émission de la voix, mais par le frottement de leurs cuisses contre leurs ailes dures appelées *élitres*; quelques unes de ces sauterelles sont vertes, et généralement alors on les appelle cigales. C'est une erreur d'autant plus difficile à rectifier, que l'on n'a pas sous les yeux d'objet de comparaison, et que l'insecte auquel est réellement dû le nom de cigale ne se trouve à Paris et aux environs de Paris que dans les collections des naturalistes.

La cigale n'a aucuns rapports pour la forme avec la sauterelle. Le chant qu'elle fait entendre n'est pas non plus produit par le même mécanisme: dans une cavité ouverte sous son ventre, un rassemblement de muscles qu'elle tend et détend successivement fait entendre, en frappant sur une membrane tendue, un son analogue à celui d'un tympanon. La cigale, dans l'histoire naturelle des insectes, n'est pas rangée dans le même ordre ni dans la même famille que la sauterelle : leurs mœurs et leurs habitudes sont entièrement différentes. C'est sur le feuillage des oliviers, dans le midi de la France, que les cigales se rassemblent en nombre quelquefois égal à celui des feuilles.

Dans un séjour que fit la princesse Borghèse à *la Mignarde*, belle propriété distante de la ville d'Aix à peu près d'une lieue, elle se prit d'une grande passion pour le chant des cigales; et pour en rassembler un grand nombre dans ses jardins, elle faisait donner un sou par cigale à ceux qui lui en apportaient. Il faudrait être bien maladroit pour n'en pas prendre cent en une heure, quand il fait un beau soleil; et les jours d'ombre, les domestiques de la princesse les revendaient à moitié prix aux fournisseurs habituels, qui faisaient encore dessus un honnête bénéfice. Au bout d'un mois, la princesse fut dégoûtée des cigales. Le bruit était tel dans ses jardins, qu'on n'y pouvait plus parler qu'à haute voix.

Le perce-oreille, que les naturalistes nomment *forficulaire*, a été le sujet d'un grand nombre de récits épouvantables. Des jeunes filles s'étaient endormies sur l'herbe; à la faveur de leur sommeil, le terrible animal s'était introduit dans leurs oreilles, les avait tenaillées et déchirées, et avait causé leur mort dans d'horribles tortures. Mais outre que la structure de l'oreille ne permettrait pas au forficulaire de s'y introduire, la forme particulière de ce monstre innocent est telle que les pinces qu'il porte à l'extrémité de l'*abdomen* sont incapables d'aucuns mouvemens. Après avoir défendu le forficulaire des crimes atroces dont il a été plus d'une fois injustement accusé, nous n'en dirons pas moins anathème sur lui et sur sa race; car c'est l'ennemi le plus acharné de ces belles collections d'œillets si riches de couleurs, si riches de parfums. Il se glisse dans les boutons et les ronge avant qu'ils soient éclos.

Voici deux préjugés attaqués, et j'hésite à parler du troisième. J'ai autrefois détruit une illusion bien chère à la romance ; j'ai démontré qu'on ne pouvait dans aucun cas danser ni *sur* ni *sous la fougère*, plante arborescente qui s'élève à trois ou quatre pieds de terre; non plus que sous *la coudrette*, qui est branchue jusqu'en bas; non plus que *sur la bruyère* qui écorcherait outrageusement les jambes.

Le préjugé que j'ai à attaquer est encore plus cher peut-être à cette intéressante partie de la littérature que l'on est convenu d'appeler *Romance*. La poésie légère elle-même s'en est souvent emparée. Les Grecs en ont fait le sujet d'une foule d'allégories, les Latins les ont imités, les Français les ont traduits. C'est une des bases les plus anciennes de la morale des salons, c'est un canevas sur lequel on brode depuis deux mille ans ; les élégies en ont fait leurs beaux jours, les vers érotiques, bucoliques, pastoraux, s'en sont enrichis. C'est un des trois ou quatre lieux communs que l'on a de tous temps *chantés à la beauté*. C'est la seule sauve-garde que les poètes aient jamais donnée aux femmes contre l'amour. En renversant ce préjugé, j'ai à craindre que l'on ne m'accuse d'attentat à la morale publique, et que, rapprochant cet attentat de mon attentat contre la fougère, on ne me regarde comme un homme décidé à renverser la romance en lui coupant les vivres; mais l'amour de la vérité l'emporte, et quoi qu'il en doive arriver, je parlerai.

Les belles sont des roses,
L'amour un papillon.

L'amour voltige de belle en belle, comme le papillon de rose en rose.

Rose, à peine éclose, défiez-vous de l'inconstant papillon.

Eh bien ! tout cela est faux. — Demandez aux naturalistes, ou plutôt aux papillons. Voyez un papillon dans la campagne ou dans un parterre ; suivez son vol capricieux. Il ne se posera jamais sur une rose qu'à défaut d'autres fleurs ; il dédaignera la reine des fleurs pour la giroflée jaune qui fleurit dans les fentes des vieux murs, et, pour tout dire en un mot, c'est sur les chardons que l'on a toujours pris les plus belles variétés de *lépidoptères.*

A propos des papillons, vous connaissez toutes leurs transformations : on en a cent fois parlé ; mais ne croyez pas que ce soit le seul insect dont les *métamorphoses* méritent l'attention la plus scrupuleuse.

Le hanneton, esclave si martyrisé par les enfans, passe trois ans à l'état de la larve ; c'est alors un gros ver blanc qui ronge les racines en attendant qu'il puisse ronger les feuilles. A ce sujet nous risquerons une remarque qui touche beaucoup à la morale et un peu à la politique.

C'est aujourd'hui qu'il convient de dire : *Il n'y a plus d'enfans*. On est *étonnant* à cinq ans ; *poète* à huit ans ; *journaliste* à treize ; *homme de lettres* à seize ; *homme politique* à dix-huit.

La génération qui nous succède n'aura pas fait voler de hannetons ; pas un peut-être ne saura la romance :

<blockquote>Hanneton, vole, vole, vole.</blockquote>

Depuis quelques années, il est facile de remarquer qu'une branche de commerce est complétement perdue, et que l'on n'entend plus comme autrefois, à l'époque où les premières feuilles des lilas rompent les bourgeons qui les emprisonnaient, crier par les rues : V'là d'z'hannetons, d'z'hannetons pour un yard !

Pendant l'hiver, de laids insectes qui,

pour la forme, ressemblent à de grosses, sales punaises grises, s'enfoncent dans la fange des rivières et des étangs. Au printemps, quand les prairies se diaprent de paquerettes et de boutons d'or, — ces laides punaises sortent en rampant de la boue et viennent s'étaler aux premiers rayons du soleil. Alors a lieu une transformation qui rappelle ce conte si joli de *Peau-d'Ane*, quand de sa peau sale et puante sort une princesse *plus belle que le jour*.

La peau de cette punaise se déchire et laisse sortir un brillant insecte aux longues ailes diaphanes ; son corps est paré des couleurs des pierres les plus précieuses ; ses ailes de gaze encore plissées et humides, s'étendent au soleil, puis, émeraude vivante, la *demoiselle* s'envole à travers les fleurs de la prairie.

XVIII.

Entre les fleurs, beaucoup sont des conquêtes de l'homme, la rose est un don de la nature. La plus belle des fleurs en effet, celle dont les couleurs sont les plus riches, dont les parfums sont les plus suaves, est de toutes les fleurs celle qui demande le moins de soin. Toute terre lui est bonne, et c'est souvent du sol le plus dur et le plus pierreux qu'elle aime à faire jaillir son vigoureux feuillage.

Malgré tout ce qu'ont pu faire les poètes, malgré leurs ennuyeuses allégories, leurs perpétuelles comparaisons, ils n'ont pu compromettre la rose; elle reste parmi les fleurs ce qu'est le diamant parmi les pierres précieuses, et si ce n'était la valeur fictive qu'une convention a attachée aux diamans, combien une rose est plus belle qu'un diamant.

On ne connaissait que quatre roses sous le règne de Louis XIV. Aujourd'hui les horticuteurs modestes, ceux qui ne donnent pas quatre ou cinq noms à la même rose, ceux qui ne se laissent pas aveugler par l'amour du nouveau et l'orgueil des découvertes, comptent quarante espèces de roses et plus de dix-huit cents variétés. Notre ami, M. Bohain possède douze cents variétés distinctes. Nous disons distinctes, parce que quelques marchands avides, quelques amateurs passionnés ont donné plusieurs noms différens à des sujets entièrement identiques, ou ont pris des accidens pour des variétés. Par exemple : L'Antoinette Barrier, l'empereur d'Allemagne, le roi des pourpres, ne sont qu'une seule et même rose. Le beau présent, le duc de Bavière, la duchesse d'Angoulême et le roi de Bavière ; la belle alliance, la reine Marguerite et la rose tricolore ; l'Agathe magnifique, la Cléopâtre et la Sultane, etc., etc., ne sont réellement que trois roses qui doivent se partager les dix ou douze noms sous lesquels elles paraissent souvent plusieurs fois répétées dans une même collection. Semblables à ce domino jaune qui, dans un bal à Versailles, passa toute une nuit à boire et à manger devant les buffets, et qui ensuite fut reconnu avoir successivement servi d'enveloppe à la timidité de tout un régiment des gardes.

Certains amateurs aussi, entraînés par l'ambition de posséder seuls une variété quelconque, recherchent dans les roses les défauts avec autant d'empressement que d'autres y cherchent les qualités; pourvu qu'une rose soit rare, elle est assez belle et elle l'emportera à leurs yeux sur les plus riches de forme et de couleur, ainsi que les plus odorantes. Ces amateurs sont à l'affût des plus petites différences. Ce rosier est remarquable par son bois, celui-ci par ses aiguillons, cet autre est précieux par l'absence de telle ou telle qualité; celui-ci tire tout son prix de ce qu'il n'a pas d'odeur, celui-là vaudrait bien moins s'il ne sentait pas légèrement la punaise. Plus un *sujet* s'écarte de la rose ordinaire, de la rose que tout le monde peut avoir, plus il acquiert de valeur pour les amateurs passionnés; heureux celui qui posséderait un rosier qui serait une vigne et qui boirait le vin de ses roses! Nous avons vu un rosier dont le possesseur explique que depuis cinq ans qu'il l'a *obtenu* de semis, il n'a jamais fleuri. Homme fortuné! plus fortuné encore si son rosier pouvait l'année prochaine n'avoir plus de feuilles!

Un horticulteur distingué était le curé

de Palaiseau, petit village du département de Seine-et-Oise, mort à quatre-vingt-deux ans, au commencement du printemps, au moment où il allait, pour la soixantième fois, voir fleurir une précieuse collection qu'il s'était toute sa vie plu à enrichir. Il y a quelques années, ce respectable prêtre céda à un mouvement de curiosité qui le portait à aller visiter une collection appartenant à un Anglais. Cette collection était une vraie rose mystérieuse, *rosa mystica*, comme disent les litanies. Le jardin de l'Anglais était un harem environné de hautes murailles, dans lequel personne n'était jamais admis sous quelque prétexte que ce fût. Il était frénétiquement jaloux de ses roses; le jardinier qui en aurait emporté une seule, qui aurait introduit un profane, eût été impitoyablement chassé. C'était pour lui seul que ses fleurs devaient étaler leurs riches couleurs; depuis le pourpre jusqu'au rose le plus pâle, depuis le violet sombre jusqu'au carné, depuis la capucine jusqu'au thé jaune, jusqu'au blanc; c'était pour lui seul qu'elles devaient exhaler et confondre leur douces odeurs. Un écrivain allemand a dit : « Les gens heureux sont d'un difficile accès. » Notre Anglais était, à ce compte, le plus heureux des hommes; personne n'avait jamais vu ses roses; il était jaloux d'un petit vent d'est, qui le soir en emportait le parfum par-dessus les murailles, et, pour compléter les rigueurs du harem, il n'y aurait rien eu d'étonnant qu'il eût voulu, lui aussi, faire garder ses roses, ses odalisques par des eunuques d'un nouveau genre, c'est-à-dire par des gens sinon aveugles, du moins sans odorat. Le bon curé néanmoins se mit en route une nuit, il fit cinq longues lieues dans une voiture non suspendue, il avait alors près de quatre-vingts ans. Il arriva avant le jour, il s'adressa à un jardinier, et, il faut le dire, on l'accusa d'avoir employé jusqu'à la corruption pour engager l'eunuque à l'introduire dans cet asile mystérieux des plaisirs de son maître. Le jardinier se laissa corrompre, et aux premières lueurs du jour, il ouvrit doucement avec une clef graissée, la porte où l'attendait le bon curé, respirant à peine, haletant, oppressé. La porte s'est ouverte sans bruit, les deux complices marchent à pas lents et silencieux ; le jour est si faible qu'on ne distingue rien encore, mais il me semble que l'on respire un air embaumé. Tout à coup une voix sort d'une persienne :

— Williams! ohé! Williams! conduisez monsieur hors du jardin...

Il n'y avait rien à répliquer, il fallut sortir, remonter dans la carriole et revenir après dix lieues dans les plus mauvais chemins, sans avoir rempli le but du voyage. Pour consoler le curé, un voisin soutint l'hypothèse que l'Anglais ne tenait son jardin si fermé que parce qu'il ne possédait pas une rose. Qui sait ?

D'autres amateurs du reste ne s'empressent pas d'admettre tout le monde dans leurs jardins, et leur répugnance à ce sujet n'est pas sans bonnes raisons. Un horticulteur faillit mourir de douleur parce que des femmes croyant nettoyer des rosiers précieux, en avaient arraché et jeté les pédoncules portant graines, sur lesquels le malheureux fondait les plus riches et les plus légitimes espérances.

M. le duc de Grammont faillit un jour, dans une intention toute bienveillante, causer à M. Hardi un semblable désespoir. M. Hardi heureusement l'arrêta au troisième rosier. Qui sait cependant si le soin de M. de Grammont ne nous a pas privés de la rose capucine double, de la rose jaune parfaite et de la rose bleue, objets des vœux les plus chers des amateurs et des jardiniers. On croyait cette année avoir enfin trouvé la rose capucine double, mais un examen plus sévère a fait découvrir qu'elle n'était ni double ni capucine.

Entre les causes qui font redouter certaines visites aux horticulteurs, il faut signaler les vols que commettent le plus tranquillement qu'il se puisse imaginer les plus honnêtes gens du monde. La corruption, l'escalade, la fausse clef, l'abus de confiance, n'ont rien qui effraie certains amateurs pour se procurer une greffe, un œil d'un rosier qu'ils ne possèdent pas.

En 1828, la duchesse de Berry obtint des semis de roses qu'elle se plaisait à faire à Rosny, douze fleurs qui lui parurent d'une beauté remarquable; cependant, comme il ne s'agissait pas seulement d'avoir de belles roses, comme il fallait encore avoir des roses nouvelles et inconnues, elle chargea madame de Larochejacquelein de les faire voir à un célèbre jardinier; le jardinier, après avoir examiné ces fleurs pendant dix minutes, en désigna trois comme nouvelles; l'une surtout lui parut mériter la préférence sur ses deux rivales, et elle fut appelée *Hybride de Rosny.*

Deux ans après, au mois de mai ou de juin 1830, c'était la dernière fois que la duchesse de Berry devait voir fleurir les roses qu'elle aimait, elle avisa qu'il y avait deux ans qu'elle jouissait du plaisir de posséder seule *l'Hybride de Rosny*, et qu'il était temps de renouveler ce plaisir en le partageant. Elle pensa que ce serait pour le célèbre jardinier un présent de quelque valeur, et elle chargea de nouveau madame de Larochejacquelein de le lui offrir de sa part. Madame de Larochejacquelein trouva l'horticulteur lisant à l'ombre de hauts églantiers chargés de fleurs, il reçut l'offre avec les témoignages de reconnaissance que méritait cette honorable et délicate attention; mais le bienfait arrivait tard, il avait eu soin, dans le peu de temps qu'il avait eu les roses à sa disposition, de couper à la dérobée deux yeux de la plus belle variété, il les avait greffés avec le plus grand succès, et il avait reçu la messagère à l'ombre des deux *Hybrides de Rosny*, sujets plus beaux sans contredit qu'aucun de ceux que possédait Madame.

XIX.

Pendant long-temps, on n'a fait des livres en France que pour amuser les lecteurs ; puis, les livres ont eu la prétention de former le *cœur* et l'*esprit*; dès lors ils sont devenus moins amusans, sans qu'on se soit aperçu qu'ils aient rien formé : semblables en cela à la comédie qui, mettant en lettres d'or sur le frontispice de ses temples : *Castigat ridendo mores*, n'en est pas moins fort larmoyante et surtout très-peu morale.

Le dix-huitième siècle à son tour a voulu former la *raison*. Aujourd'hui ce que veut la littérature, c'est *éclairer les masses*. Ce n'est pas ici le lieu d'examiner si le journaliste philanthrope n'aurait pas pour but unique, en apprenant à lire au peuple, de se faire des abonnés; ou encore si le philanthrope, homme d'état, ne songerait pas un peu moins à *éclairer les masses*, objet de sa sollicitude, qu'à les conduire dans la voie la plus favorable à ses intérêts particuliers et à les atteler à son char de triomphe, ainsi que La Fontaine le reproche à l'homme dans sa fable : *l'Homme, le Cerf et le Cheval*. Voilà ce qu'il y a de positif aujourd'hui, c'est que l'imprimerie, reine de France et autres lieux, ne tardera pas à l'être du monde entier. Sur la question de l'instruction populaire, on a soutenu le pour et le contre dans des thèses pleines d'excellentes raisons de part et d'autres; la chose aujourd'hui n'est plus à discuter, le fait existe, le peuple sait lire. Jusqu'ici, cela n'a guère servi qu'à le rendre le jouet dangereux et ridicule, non pas seulement de la presse, mais des journaux; non pas seulement des journaux, mais d'un journal, mais du premier morceau de papier imprimé qui lui tombe sous la main. Ceci paraîtrait donner gain de cause à ceux qui s'étaient prononcés contre l'instruction du peuple, mais il ne s'agit pas d'imiter ces amis charitables qui, enchantés d'un malheur qu'ils ont prévu, vous disent tout triomphans : *Je l'avais bien dit.* Il y a quelque chose qui doit être pire que l'ignorance aux yeux des uns, pire que l'instruction aux yeux des autres, c'est ce commencement d'éducation, qui a appris au peuple à lire, sans lui donner aucun moyen de juger ce qu'il lit : aussi, de quelque opinion que l'on ait été précédemment, le devoir de tous est aujourd'hui de faire tous les efforts possibles pour compléter cette éducation. Cette nécessité servira de raison ou de prétexte à une extension plus grande encore de l'industrie de la presse, qui, déjà crée en

France une valeur annuelle de 34 millions.

Il y a à Paris quatre-vingts imprimeurs brevetés; puis, une cinquantaine d'imprimeurs de contrebande, appelés imprimeurs *marrons*; puis, les journaux ont chez eux des imprimeries, auxquelles les imprimeurs brevetés prêtent leur nom, moyennant une redevance annuelle. Dans les imprimeries, les protes sont souvent des hommes instruits, qui ne manquent pas de lire les ouvrages qu'ils impriment et d'en porter des jugemens qu'il serait quelquefois utile à l'auteur de connaître. Il m'est arrivé à moi-même d'apprendre que les protes de M. Everat avaient fortement blâmé quelques chapitres, sur lesquels j'avais des doutes, et le public, juge en dernier ressort, a confirmé leur jugement.

Il y a dans les bureaux de journaux un axiome fort peu contesté, c'est que si les rédacteurs ne faisaient pas leur journal, les protes le feraient eux-mêmes. A chaque instant, en effet, ils donnent des preuves d'une grande adresse et d'une remarquable intelligence.

Parmi les imprimeurs de Paris, il faut mettre en première ligne MM. Didot, Everat, Rignoux, etc. Quelques libraires de Paris, par mesure d'économie, font imprimer leurs livres en province; mais la difficulté des communications nuisant essentiellement à la correction des *épreuves*, les livres se trouvent le plus souvent pleins de fautes grossières.

Les libraires sont à peu près au nombre de quatre cents, dont l'industrie se divise en librairie classique, vieille librairie, librairie de publications nouvelles, librairie de commission. Plusieurs journaux aussi se sont faits libraires : la *Revue des deux mondes* édite les ouvrages de l'auteur de *Lélia*; M. Bohain, le nouveau *dictionnaire français;* M. Lautour-Mézeray, des livres pour les enfans, dont il s'est fait le patron.

Sous Louis XIV et Louis XV, on faisait subir aux libraires un examen de capacité; nous ne savons pas s'il en est de même aujourd'hui, et si l'examen est bien sévère. Quelques uns sont gens d'esprit; le plus grand nombre, et ce ne sont pas ceux qui réussissent le moins, vendent des livres comme d'autres vendent du charbon. Les librairies classiques et les librairies anciennes sont celles qui rapportent à leurs propriétaires les bénéfices les plus certains et les plus réguliers. La *Cuisinière bourgeoise* et la plus mauvaise grammaire rapportent aux auteurs et aux libraires dix fois plus d'argent que les plus beaux romans ou les poëmes les plus sublimes. La haine des écoliers pour les livres qu'on leur impose nécessite fréquemment de nouvelles éditions très fructueuse pour les éditeurs.

La librairie de publications nouvelles semble, malgré le zèle et l'activité de ceux qui l'exploitent, être tombée en discrédit, un peu en France et beaucoup à l'étranger. Ce discrédit peut être attribué à plusieurs causes. Les cabinets de lecture, pour quelques sous, offrent à leurs abonnés la faculté de lire chacune des publications qui paraissent, les dispensent d'acheter des ouvrages, dont chaque volume leur coûterait sept francs cinquante centimes, de sorte que la vente pour Paris doit se baser sur le nombre restreint des cabinets de lectures assez achalandés pour se procurer toutes les nouveautés. Qu'un ouvrage ait un grand succès auprès du public, il s'en vendra à peine trois cents exemplaires à Paris, le reste de l'édition est destiné à la province et à l'étranger; et voilà ce qui arrive : les libraires éditeurs n'ont pas de relations immédiates avec le public; ces relations sont établies par les libraires commissionnaires. Ceux-ci ne paient que dix ou onze francs les livres marqués quinze, cette différence couvre leurs frais et forme leur bénéfice. Quand un livre ne se vend pas, l'éditeur le cède à un moindre prix au commissionnaire, qui, avec un peu plus de peine peut-être, ne le vend pas pour cela moins cher à ses commettans. Il est facile de comprendre par là sa préférence marquée pour les mauvais livres, ce sont aussi ceux-là qu'il envoie à ses correspondans de province et surtout de l'étranger, de sorte que le petit nombre de bons livres qui s'impriment ici, n'y parvient que peu ou point, tandis que les livres les plus justement méprisés ici, tombent là-bas comme la grêle : aussi depuis quelques années les libraires étrangers ont singulièrement ralenti leurs demandes.

C'était un bon temps pour la littérature et pour les arts, que celui où les artistes et les écrivains, repoussés de la société comme des parias, n'avaient à attendre de leurs contemporains ni justice, ni gloire, ni pain; où il leur fallait mériter la postérité, espoir un peu plus vague encore que celui des alchimistes qui, du moins, espéraient assister à leur triomphe.

Il fallait alors une volonté forte, une vocation réelle, un entraînement irrésistible pour se briser la tête, user sa vie par des travaux qui n'avaient d'autre prix que cette sorte de poignant plaisir que l'auteur trouve dans les travaux eux-mêmes. Mais aujourd'hui que plusieurs se sont enrichis à faire des vers d'opéras comiques, aujourd'hui que le plus pitoyable artiste, le plus médiocre écrivain sont fêtés et recherchés, tout le monde s'est jeté avec tant de fureur dans cette carrière que par la profusion de poètes, dont nous sommes envahis, les bras manqueront bientôt aux charrues : les maîtres Adam ont miraculeusement pullulé; les villes du Midi à elles seules possèdent dans ce moment un cordonnier poète, un boulanger chansonnier, un coiffeur faiseur d'odes. Pour cumuler les avantages et sous prétexte que les muses sont sœurs, les musiciens font des vers, les poètes jouent de la guitare; on écrit avec le pinceau; on dessine avec la plume. Les enfans, poètes en seconde, n'ont plus le temps de faire leur rhétorique. Depuis qu'on a vendu la postérité pour une rente viagère de gloire et d'argent, depuis que l'Hypocrène roule du vin de Xerès; depuis que la mansarde du peintre renferme pour 30,000 francs d'objets d'arts et de curiosités, depuis que les poètes *méditent* sous des arbres, *dont le frais et l'ombre sont à eux*, il s'est présenté un bien plus grand nombre d'amateurs. La librairie en meurt; il se fait trente fois plus de tableaux que n'ont de superficie les murailles qu'on en pourrait couvrir; tout le monde est de première force sur le piano, ceux-là sont dits de seconde force qui n'ont jamais essayé. Et pendant ce temps-là, la profession de bottier reste sans progrès, le nom d'épicier est devenu une injure. Des remèdes violens seuls peuvent arrêter de semblables désordes. Il n'y a pas eu un seul bon acteur depuis qu'on les enterre en terre sainte. On ne devient fort qu'en luttant. Pour avoir de grands hommes, il faut les laisser mourir de faim pendant leur vie et les jeter à la voirie après leur mort.

On aura moins de *faux* grands hommes, quand ce ne sera plus un moyen. On ne faisait pas semblant d'être chrétien, quand les chrétiens étaient exposés dans le cirque et livrés aux tigres. Pendez tous les ans deux musiciens, trois peintres et quinze hommes de lettres, et en peu de temps, il ne restera que les véritables vocations. Jusque-là, si vous rencontrez un homme dans la rue, vous pouvez l'appeler homme de lettres, il serait bien étonnant que vous ne tombassiez pas juste.

Les cabinets de lecture qui louent les romans et les livres de toutes sortes, sont au nombre de trois cents; deux cents autres n'offrent à leurs habitués que les journaux et les brochures périodiques. Dans les premiers, des abonnés passent les journées entières à lire, à prendre des notes, à écrire. Plusieurs y apportent leur déjeuner, surtout dans la saison rigoureuse : ils ont là en effet pour six sous par jour un logement, une table, un fauteuil, du feu, des livres, des plumes, du papier et de l'encre, et du tabac dans la tabatière des voisins. Au milieu de soixante personnes, on n'entend d'autre bruit que le frottement des pages et le grincement des plumes sur le papier; un mot hasardé à l'oreille, un fauteuil dérangé, un éternuement intempestif exciteraient l'indignation de toute l'assemblée. C'est là que se font les compilations et les plagiats, si répandus pendant *trois* ou *quatre* ans, sous le nom de *Mémoires*. Du reste, chaque habitué a sa place; s'il se trouve par hasard qu'un étranger l'occupe quand il arrive, il n'est pas de malédictions qu'il ne se croie en droit de lui adresser intérieurement; si l'usurpateur tombait subitement frappé d'un coup de sang, son ennemi ne serait frappé que d'une chose, de la joie de recouvrer la place, où l'empreinte de son coude est incrusté sur la table. Si l'abonné du cabinet de lecture est accoutumé à droite, et qu'un hasard malencontreux lui ait assigné une place, où l'encrier soit placé à gauche, toute sa journée est perdue : vingt fois portant sa plume à droite, il l'écrasera sur la table ou la trempera dans une tabatière. S'il ne se porte pas contre l'usurpateur aux excès les plus graves, c'est que le poignard n'est pas dans nos mœurs, et que si quelques poètes ont adressé des odes à leurs bons poignards, ce n'était qu'une figure ; car aujourd'hui, si quelqu'un possède un poignard, il s'en sert pour décrotter ses bottes..

J'ai oublié dans l'espèce libraire une variété trop remarquable pour la passer sous silence. Un monsieur se présente chez vous, car d'après les raisons que j'en ai données ci-dessus, je suppose, lecteurs, que vous êtes homme de lettres. Ce monsieur a un habit noir et les meilleures manières; il s'exprime avec grâce et facilité; il vous fait part d'une entreprise gigantesque, européenne, universelle; il est libraire et vous demande votre *précieuse* collaboration. A quelque temps de là, vous portez votre ouvrage au libraire; au lieu d'une boutique, vous trouvez un magnifique appartement au premier étage; au lieu d'un commis libraire, c'est un nègre en livrée qui vous ouvre la porte; le maître de la maison, étendu sur un divan, enveloppé dans une robe de chambre d'*indienne imprimée*, la tête couverte d'un bonnet grec, fume dans une pipe de jasmin; autour de lui sont des tableaux, des bustes, des médaillons, de tout, excepté des livres. Ce libraire est un simple spéculateur sur la littérature, un courtier en librairie : les livres qu'il achète, il les fait vendre par d'autres.

Il y a sur les quais, sur les boulevarts, auprès du Louvre et dans quelques rues retirées, plus de deux cents bouquinistes. Ce sont les fripiers de la librairie et les usuriers de l'enfance. Leur spécialité est d'acheter, dans les ventes publiques ou particulières, de vieux ouvrages dépareillés. C'est chez eux que l'on peut compléter les livres auxquels il manque quelques volumes. Ils vendent aussi de vieilles gravures et de vieux dessins, enfouis pêle-mêle dans un carton, et tous offerts au même prix indistinctement, c'est-à-dire pour trois ou quatre sous. Quelques personnes qui passent leur vie à feuilleter les bouquins et les cartons prétendent y avoir rencontré quelquefois des dessins originaux précieux et des livres rares ; mais la fréquence de ces anecdotes, l'astuce ordinaire des vieux bouquinistes qui ne se trompent guère sur la valeur de ce qu'il possèdent, et surtout la petite satisfaction d'amour-propre que l'on peut trouver à passer pour un connaisseur habile, qui a su discerner l'œuvre d'un homme célèbre, parmi un millier d'autres dessins; ces différentes causes ont plusieurs fois élevé dans notre esprit des doutes assez bien fondés sur la véracité de semblables récits.

Les colléges sont le revenu le plus clair des bouquinistes; les grammaires latines, les dictionnaires grecs, français, latins, affluent chez eux de toutes parts, apportés par de jeunes garçons, rouges de honte et de remords, qui, n'ayant pas d'idées bien fixes du commerce, pensent qu'il est très bien d'acheter et très mal de vendre. Les bouquinistes profitent de leur embarras, et, sous prétexte d'un *pâté* d'encre sur un feuillet, leur paient trente sous un livre qui vaut quinze francs. L'écolier, à la fois fier et embarrassé de voir réuni dans sa poche l'argent de trois semaines de menus plaisirs, s'échappe rapidement de la caverne pour aller dépenser son argent en *balles-élasti-*

ques et en *chaussons de pommes*. C'est un spectacle assez étrange que celui de l'influence que le bouquiniste sait prendre sur ses victimes. Quand il a offert son prix, à la moindre hésitation de l'écolier, il l'engage à porter ses livres ailleurs. Le bourreau est bien certain qu'il n'en fera rien, car il sait tout ce que le pauvre garçon a eu à braver de répugnance, à surmonter d'hésitation avant d'entrer dans son repaire; il l'a vu indécis passer quatre fois devant la porte sans oser pénétrer; il l'a entendu balbutier pour lui expliquer le sujet de sa visite. Pour aller chez un autre, il lui faudrait renouveler toutes ces humiliations; il finit par laisser les livres pour le prix que le bouquiniste a daigné lui en offrir. Quelques jours après, le bouquiniste revend dix francs le livre qu'il a acheté trente sous. Des pères de famille, peu riches, viennent chercher chez lui pour leurs fils les livres nécessaires à leur éducation.

L'homme est renfermé dans des conditions tellement rigoureuses que, malgré la bonne volonté, il a bien de la peine à faire quelques désordres : les folies du riche tournent au profit du pauvre.

Néanmoins, les bouquinistes sont des voleurs : il y en a un près de la butte Saint-Roch, auquel, étant élève de seconde, j'ai vendu, il y a quelque dix ans, pour la somme de vingt francs un prix obtenu au concours général en troisième, et qui en valait au moins cent cinquante.

XX.

Comme, un de ces derniers soir, le vent du sud-ouest avait adouci l'atmosphère, je me promenais avec mon chien sur le haut des falaises, assez près de Fécamp. Tout à coup mon chien s'arrêta, dressa les oreilles et fit entendre un sourd grognement. Quelques secondes après, j'aperçus dans l'ombre un homme qui s'était également arrêté. J'appelai mon chien, l'homme s'approcha, et à son manteau doublé de peau de mouton, je reconnus un des nombreux douaniers qui passent les nuits en observation dans de petites cachettes construites sur les falaises, à plus de trois cents pieds au-dessus de la mer.

— Vous avez là, me dit-il, en passant la main sur la tête de mon chien qui le flairait, un bon compagnon pour la nuit. C'est un terre-neuvien, ajouta-t-il; j'en avais un aussi, mais on m'a forcé de m'en séparer : on ne veut plus nous permettre d'en avoir près nous. S'ils découvraient avant nous le bruit d'une course furtive, ils nous prévenaient aussi de l'approche des rondes de nuits de nos inspecteurs, et c'est ce qu'on veut éviter. Tout en causant, il me dit qu'il était du pays; que, quoiqu'on ne pût être bien riche avec six cents francs par an qu'il gagnait, il se trouvait heureux de se revoir dans les lieux où il était né. — Et, monsieur, ajouta-t-il, il n'y a pas long-temps que je jouis de ce bonheur; il n'y a que trois jours que je suis ici, et je ne puis dire à la lettre que j'aie dormi sous le toit de mes pères, car ce n'est que le quatrième jour que le sommeil m'est permis.

Tout en parlant ainsi, il se penchait de

temps à autre en dehors de la falaise.

— Avez-vous entendu quelque chose? lui dis-je.

— Non, reprit-il, mais je cherche une cavée au sujet de laquelle ma mère m'avait autrefois raconté une histoire. Les lieux où se sont passés les instans les plus heureux de la vie sont des amis que l'on aime à retrouver. Tenez, me dit-il, la voilà.

Et du doigt il me montra une grotte dans une falaise qui, tournant à cet endroit, creusait en noir sur son flanc gris.

Je vous ferai grâce de toutes les bassesses que j'employai pour obtenir le récit de l'histoire du douanier. Nous nous assîmes dans sa cahute, et il parla :

— Je vous assure d'abord, monsieur, que moi, ni ma mère, n'avons vu ni connu aucun des personnages dont il va être question. On avait conté l'histoire à ma mère, elle me l'a contée, je vous la conte à mon tour.

Il y a fort long-temps, un jeune homme

nommé Louis Morand, fut envoyé par son père, à Paris, pour y faire ses études, y apprendre le latin, et y recevoir le grade de docteur en la Faculté de médecine. Le père mourut, et le bruit se répandit que c'était de chagrin de la mauvaise conduite de son fils. Quoi qu'il en soit, celui-ci, qui n'en avait pas grand héritage à attendre, se fit seulement envoyer les papiers du défunt, et un soir se mit en devoir de les brûler, en en extrayant ceux qui pouvaient être de quelque utilité.

Après plusieurs lectures insignifiantes, il tomba sur une liasse qui contenait des lettres toutes de la même écriture. La première lui donna le désir de connaître les autres, et il lut une assez volumineuse correspondance.

Les lettres étaient d'un ami qui paraissait aimer beaucoup son père. — Puisque, lui écrivait-il, tu veux que je réserve pour ton fils le bien que je veux et peux te léguer, envoie-le près de moi dès qu'il aura vingt-cinq ans, et s'il montre un bon naturel, je me chargerai de sa fortune. Autrement, je me garderai bien de lui fournir les moyens de développer une nature vicieuse et malfaisante au détriment des autres hommes.

Quand Louis Morand lut le seing, il reconnut le nom d'un homme qui passait ici pour un sorcier et un nécromant. Il rit d'abord de cette protection qui lui était offerte; mais, après qu'il eut dépensé le plus mal qu'il lui fut possible le peu d'argent qui provenait de la succession paternelle, pressé par des créanciers, peu certain de son avenir, il résolut de courir une nouvelle chance, et d'aller se présenter de lui-même à cet homme, qui paraissait avoir la volonté et la puissance de le tirer d'embarras.

Il se mit en route, et après de difficiles recherches il arriva chez le nécromacien. Il faut vous dire que ce nécromancien n'était peut-être pas beaucoup plus sorcier que vous et moi. Peut-être était-il seulement plus savant que les autres, et au moyen de quelques secrets de chimie et de physique en imposait-il *au vulgaire.*

A ce dernier mot, je regardai le douanier avec quelque surprise. — Vous croyez ? lui dis-je.

— Je ne crois rien, répondit-il : ce que je vous raconte là fait partie du récit comme tout le reste. Ma mère m'a dit cela, comme probablement on le lui avait dit à elle-même. La maison du magicien était au milieu d'un bois, sur le versant d'une colline. Au signal de Louis Morand, un petit homme, à visage noir, vint ouvrir ; cet aspect produisit sur Louis une vive impression. On n'était pas, à cette époque, accoutumé à voir des nègres dans nos pays ; et, d'ailleurs, la taille et le costume de l'esclave avait une bizarrerie fantastique ; tout son petit corps était couvert d'or et de pierreries. A le voir, Louis crut que ce devait être un gnome, un des génies qui, dans les entrailles de la terre, sont préposés à la garde des trésors. Il demanda maître Guillaume, tout en tremblant de s'être adressé à lui-même, car l'aspect de cette petite créature n'était fait pour inspirer qu'une médiocre confiance. Le gnome (je ne puis vous préciser si c'était un nègre ou un gnome véritable), le gnome l'introduisit dans une immense salle, où le maître lisait à la lueur d'un grand feu. Je ne puis vous dire encore si l'imagination de Louis lui fit voir les choses autrement qu'elles n'étaient, ou si ce feu était surnaturel, ou si cet effet était produit par des moyens naturels; mais Louis vit ce feu se refléter en lumière bleuâtre sur les sombres murailles.

L'aspect du vieillard était vénérable : il avait une longue barbe blanche; ses cheveux blancs étaient cachés en partie sous une toque violette; le reste de son costume ne convenait pas moins à un nécromancien. Aussitôt que Louis se fut nommé, il l'embrassa, et lui parla de son père avec des larmes dans les yeux; puis, après ce moment d'effusion, il fit servir le dîner. Ce dîner était d'une recherche exquise, les vins surtout étaient délicieux. Louis but et mangea de son mieux. Il crut se rappeler cependant plus tard que maître Guillaume, qui ne mangeait que du riz et ne buvait que de l'eau, fronça deux ou trois fois le sourcil en le voyant remplir et vider son verre; mais c'était un souvenir si vague, qu'il ne le donna jamais lui-même pour bien certain. — Mon fils, dit maître Guillaume, votre père était mon meilleur ami; ses goûts simples et son ennui des choses terrestres l'ont empêché, toute sa vie, de profiter de mon amitié; si vous n'avez pas dégénéré d'un si honnête homme, vous en hériterez comme il le désirait; et ce n'est pas un héritage à mépriser, ainsi que vous pourrez juger par la suite. Nous allons descendre dans mon laboratoire, là, nous causerons; et je verrai ce qu'il convient de faire pour vous.

Alors, Guillaume et Louis descendirent par un étroit et sombre escalier pendant plus d'une heure. Après ce temps, ils se trouvèrent dans une salle richement tendue de pourpre; des lampes l'éclairaient d'une lumière violette, qui donnait à ce séjour souterrain quelque chose d'extraordinaire, qui acheva de frapper la tête de Louis.

Quand ils furent assis l'un et l'autre sur de moelleux coussins, maître Guillaume tira une sonnette, dont le fil d'or était caché dans un des plis de la tenture. Le gnome parut subitement. Louis fut effrayé de l'apparition de ce petit être qui, en moins de deux secondes, avait franchi une distance qui leur avait coûté une heure à parcourir. Le gnome se tenait debout, silencieux, il attendait les ordres de son maître. — Zano, lui dit maître Guillaume, j'ai oublié une chose importante; peut-être sera-t-il tard quand nous sortirons d'ici, qu'on prépare deux perdrix pour notre souper, à chacun la sienne; mais on ne les mettra à la broche que lorsque je l'ordonnerai.

Zano disparut.

Après une longue conversation, dans laquelle maître Guillaume interrogea Louis sur sa vie passée, sur ses habitudes, sur ses goûts, il lui dit : — Mon fils, en considération de l'amitié que je porte encore à votre père, même au-delà du tombeau, je vous ferai le don que vous me demanderez : mais je ne puis vous en accorder qu'un seul; ainsi, pensez-y mûrement. C'est tout ce qu'il m'est permis de faire pour vous.

— Maître, répondit Louis, j'ai souvent cherché ce qu'il y avait de plus utile dans la vie, et je suis tellement convaincu que le bien le plus réel et le plus fécond en jouissances est une grande fortune, que je n'hésite pas à vous en faire la demande.

— Qu'il soit fait ainsi que vous le désirez, dit le vieillard; mais, auparavant, laissez-moi vous avertir des dangers que vous attirez sur votre tête. Les hommes sont comme les navires, ils sont submergés plus facilement à proportion qu'ils sont plus chargés de richesses. Quelque honnête homme que l'on se sente, il faut éviter d'avoir dans les mains des armes trop puissantes et trop efficaces. Le mouton serait peut-être aussi féroce que le loup s'il avait des dents aussi fortes et aussi aiguës que celles de son ennemi.

Le vieillard joignit à ceci une multitude de réflexions et d'exemples que je ne vous répéterai pas, parce que ma mère, à laquelle probablement on n'en avait rien dit, ne me les a pas répétés. Seulement Louis a assuré depuis que l'éloquence du vieillard ne lui avait pas paru amusante, et qu'il avait passé tout le temps qu'il avait plu à maître Guillaume de pérorer, à songer à l'emploi de ces richesses futures, aux plaisirs qui allaient l'assaillir.

Maître Guillaume termina son long discours comme il l'avait commencé : — Qu'il soit fait ainsi que vous désirez. Voici une petite cassette pleine d'or; chaque fois qu'elle sera vide vous viendrez me voir; et je la remplirai. Je ne vous adresserai aucune question sur l'emploi que vous aurez fait de votre argent; seulement, je vous prie de ne venir que toutes les fois que l'argent de la cassette aura été dépensé; des visites plus fréquentes me dérangeraient inutilement de travaux qui me sont chers; et, d'ailleurs, vous n'avez nul besoin de thésauriser. Si je meurs avant vous, la cassette continuera de se remplir d'elle-même, à mesure que vous l'aurez vidée.

Maître Guillaume lui donna encore quelques conseils. . . . .
. . . .
. . . .

Louis venait assez souvent remplir la cassette. Un jour, il crut voir que le maître avait encore froncé le sourcil. Il songea alors que peut-être un caprice du vieillard lui enleverait d'un instant à l'autre les richesses auxquelles il s'était facilement accoutumé, et il avisa de venir dès que la moitié de l'argent contenu dans la cassette était dépensé, afin de pouvoir amasser un trésor et rendre son avenir indépendant des fantaisies du nécromant. Du reste, il passait sa vie au jeu et dans les orgies de toutes sortes. Il n'était rien qu'il ne se crût permis, et malheureusement l'immense fortune dont il disposait lui faisait de ceux qui l'entouraient autant d'esclaves, qui n'épargnaient rien pour le confirmer dans cette idée. Despote emporté, il ne connaissait aucun frein; et bientôt, blasé sur les plaisirs, qu'il ne pouvait beaucoup varier par l'obligation de ne pas s'éloigner de la source de ses richesses, il ne trouva plus de distraction que dans le mal qu'il faisait aux autres.

Il avait pour compagnon de débauches un jeune homme bon et spirituel, qui, partageant une partie de ses plaisirs, ne laissait pas d'en blâmer quelques uns, et s'était par cela seul attiré l'animadversion de Louis. Un incident vint changer ce mécontentement en haine profonde et envenimée.

Louis avait une maîtresse qu'il logeait à une lieue d'ici. C'était le plus souvent chez elle que se faisaient ces parties de plaisir et de débauche qui remplissaient la vie de Morand, sauf la place qu'y tenait l'ennui. Il lui sembla un jour surprendre entre elle et Rechteren des regards d'intelligence, qui allumèrent dans son cœur la plus funeste jalousie. Il ne cessa pourtant pas pour cela d'accueillir Rechteren de son mieux; mais un jour, comme ils quittaient ensemble la maison...

Ici le douanier s'arrêta.

J'attendis quelque temps; puis, craignant qu'il ne se fût endormi, je fis un peu de bruit pour l'éveiller; mais il ne dormait pas.

— C'est singulier! dit-il, je ne puis me

rappeler le nom de la maîtresse de Louis Morand.

— Supposez-en un autre.

— Je vais me le rappeler tout à l'heure. Je veux vous conter l'histoire comme elle m'a été contée...

Elle s'appelait Hortense.

Comme ils quittaient ensemble la maison d'Hortense, Louis Morand dit à son ami : — Si tu m'en crois, nous profiterons de la marée basse pour faire route sous la falaise. Nous verrons le soleil se coucher dans la mer.

Il faut croire, ajouta le douanier, que Louis Morand ajouta encore quelque autre chose pour le décider; car ce n'est pas spectacle si rare que de voir le soleil se coucher. Il faut bien qu'il se couche tous les soirs, puisqu'il se lève tous les matins.

C'était à peu près dans cette saison et vers la pleine lune; conséquemment c'était la *grande mer*, et la marée commençait à monter vers quatre heures. Comme vous

vous en apercevriez si la mer était moins haute, et comme vous avez probablement eu occasion de vous en apercevoir d'autres fois, c'est un chemin rude et fatigant que de marcher sur des pointes de roche et sur des galets qui roulent sous les pieds. Ils cheminaient au-dessous de la place où nous sommes présentement. A l'heure qu'il est, l'eau s'y élève de dix brasses au-dessus de l'endroit où posaient leurs pieds.

Ils s'amusèrent à regarder coucher le soleil et à deviser. Le vent soufflait du nord-ouest et blanchissait un peu les vagues. Il y a des gens qui resteraient une semaine à regarder la mer, sans faire autre chose. Il y a onze ans que c'est ma principale occupation, et je suis encore à comprendre le plaisir qu'ils y trouvent.

Tout à coup Rechteren avisa que la mer montait depuis une heure, que le vent poussait la marée, et qu'il serait plus prudent de revenir sur leurs pas, d'autant qu'ils n'avaient guère marché plus d'un quart de lieue. Mais Louis Morand se prit à rire, lui demanda s'il avait peur, et d'ailleurs l'assura qu'il ne leur fallait pas plus d'un quart d'heure pour retourner à Fécamp.

— Eh bien! dit Rechteren, avançons.

Mais on ne pouvait avancer bien vite : il était déjà presque nuit, et l'on risquait à chaque instant de se casser une jambe entre les pointes de roches. Louis trouvait toujours quelques prétextes pour ralentir la marche; tantôt il faisait remarquer à Rechteren les teintes jaunes que le soleil avait laissées à l'ouest, tantôt c'étaient les premières étoiles qui paraissaient à l'est.

On n'approchait guère du but, et la mer grondait sourdement. Chacune des lames qui venaient se briser sur le roc s'avançait un peu plus loin que celle qui l'avait précédée. La nuit arriva tout à fait, et derrière la falaise des lueurs blanches annoncèrent le lever de la lune.

Rechteren s'arrêta.—Louis! s'écria-t-il, retournons; nous pouvons faire en une demi-heure le chemin que nous avons parcouru depuis notre départ, et nous ne savons pas combien il nous faudra de temps pour gagner le terme de notre route. Nous n'avons même pas la lune pour nous conduire, elle se cache sous les nuages que le vent pousse du large; retournons.

—Retourne si tu veux, répondit Louis Morand; pour moi, j'irai jusqu'au bout.

—Je te suivrai alors, dit Rechteren.

Et ils se remirent en route sans échanger un mot.

Quelques centaines de pas plus loin, Rechteren s'arrêta encore. Le galet était noir sous ses pas, il se baissa pour le toucher de la main. Il vit alors qu'il n'était noir que parce qu'une lame plus forte que les autres avait couru jusqu'à la falaise et l'avait mouillé. Il ne dit cependant rien, car, au point où ils étaient arrivés, s'ils n'étaient pas plus près de Fécamp que de leur point de départ, ils étaient noyés.

Un peu plus loin, une lame glissa et lui mouilla les jambes en se brisant.

— Louis, dit-il, nous sommes perdus !

Louis ne répondit pas et doubla le pas. Rechteren ne voulait lui faire aucun reproche, mais c'était cependant son obstination qui les mettait ainsi en danger de la vie. Ils finirent par courir tous les deux vers une partie de la falaise qui s'avançait. Peut-être derrière cette pointe trouverait-on un sentier pour monter.

Mais, arrivés à la pointe, la mer battait en mugissant contre la falaise.

— Louis, répéta Rechteren, nous sommes perdus.

Alors Rechteren mesura de l'œil ce que la nuit lui permettait de voir de la falaise. Aussi loin que la vue pouvait s'étendre, elle ne présentait qu'une muraille haute de trois cents pieds, droite comme un mât. Ils retournèrent en courant sur leurs pas; mais de temps à autre la fatigue les forçait de s'arrêter tout haletans. Rechteren prenait une gorgée dans une gourde pleine de genièvre, et la passait à Louis Morand; puis ils se remettaient à courir. Au bout d'un quart d'heure, ils furent encore arrêtés par la mer, qui battait la falaise. La route était fermée des deux côtés. Il ne leur restait plus qu'un espace de deux cents pas que la mer ne couvrait point encore, mais chaque lame dévorait du terrain, et avant une demi-heure il devait y avoir dix brasses d'eau à l'endroit où posaient encore leurs pieds.

Rechteren ici s'arrêta, regarda des deux côtés la mer qui s'avançait : en face, l'océan; derrière lui les falaises lisses et unies.

— Ce n'est plus le moment de courir comme des lièvres, dit-il; c'est encore moins le moment de se désespérer. Il faut se résigner et attendre. Allons, Louis, tout est fini.

Louis se remit en marche, et gravit une roche qui, tombée de la falaise et appuyée contre elle, s'élevait à sept ou huit pieds du galet. Là, il s'assit sans rien dire. Rechteren le suivit et resta debout près de lui.

— Mon bon ami Louis, dit-il, sais-tu ce qui me fâche le plus de tout ceci ? c'est que deux ou trois imbéciles de ma connaissance, qui m'ont souvent fait la guerre de ce que je ne sais pas nager, et qui m'ont prédit que je mourrais dans l'eau, me feront une oraison funèbre avec un impertinent : *Je l'avais bien dit!* C'est, je t'avoue, un plaisir que je n'étais guère disposé à leur faire.

Après un moment de silence, il continua : — C'est une mort horrible! Je ne crains pas la mort, mais je crains la souffrance. Ces pointes de roches sur lesquelles la mort va nous briser!.. C'est une voix effrayante que ces vagues qui mugissent et ce vent qui siffle! Mais, quelque effrayant que cela soit, ce spectacle élève l'ame, agrandit l'homme, et donne la force de mourir d'une manière convenable. Il vaut mieux mourir ainsi décidément que de tomber pour un démenti sous la balle d'un sot qui a peur....

— Mais, Louis, tu ne dis rien?

Il se fit encore un moment d'un silence solennel, pendant lequel en entendait toujours s'approcher la mer : une lame vint qui, de son écume blanche, toucha la roche, leur dernier asile.

— Il vient de passer en moi, dit Rechteren, encore un mouvement de désespoir et de rage. J'ai failli m'élancer contre la falaise pour la gravir avec les ongles; mais, Dieu me damne, si un chat en serait capable!

Il m'échappe, ajouta-t-il, une bizarre expression; ce juron, si près de la mort, m'épouvante. Tu riras si tu veux, mon cher Louis, quoique tu ne sembles pas y être fort disposé; mais je sens comme un besoin de prier un Dieu, quel qu'il soit. Cette voix de la mer et du vent, cette mort qui semble s'avancer sur les lames écumantes, tout semble commander de se mettre à genoux. Si ma prière n'est bonne à rien pour l'autre vie, elle servira toujours dans celle-ci à me mettre un peu de sérénité dans l'esprit. D'ailleurs, quelque douteuse qu'elle puisse être, c'est une chance, et il ne nous en reste pas assez d'autres pour que nous la négligions.

Rechteren, en effet, se mit à genoux sur le roc. — Il me serait fort difficile, dit-il, de me rappeler toutes les prières que l'on m'a serinées autrefois; mais celle que je ferai sera aussi bonne.

Après quelques instans il se releva.

— A ton tour, Louis, dit-il; je t'assure que cela ne fait pas de mal.

— Non, dit Louis sourdement.

— Tu me parais un peu abruti. Je ne te tirerai pas de ton engourdissement; c'est une manière comme une autre d'attendre la mort, peut-être même vaut-elle mieux qu'une autre. Seulement, si je t'ai offensé en quelque chose, je t'en demande pardon.

Ici Louis Morand fixa sur son ami des yeux étincelans.

— Je m'accuse envers toi d'avoir séduit ta belle Hortense, et d'avoir usurpé des joies que tu t'étais avaricieusement réservées. Mais je meurs de froid... je voudrais bien, dans les quelques minutes que j'ai encore à vivre, souffrir le moins possible.......
— Ah!

Et dans une petite cavité de la roche il versa le genièvre qui restait dans la gourde; puis, tirant de sa poche le briquet qu'il portait toujours en sa qualité de fumeur, il y mit le feu, et une flamme bleuâtre brilla sur le roc.—Voici une bonne pensée, dit-il. Sais-tu qu'il est bien malheureux de n'avoir pas de sucre? il serait fort spirituel d'attendre la mort en buvant du punch. En tout cas, ceci me réchauffe admirablement les doigts, en attendant que la mer vienne l'éteindre; mais alors je n'en aurai plus besoin.

— Malheureux! dit Louis Morand, ne vois-tu pas que la mer brise sur la roche où nous sommes; que la vague qui roule là-bas est peut-être celle qui doit nous engloutir?

— Je le vois comme toi, mon bon ami Louis, et je voudrais que cela fût déjà fait; car il y a un moment qui m'effraie un peu.

— Mais, Louis, pourquoi donc quittes-tu tes vêtemens?

— Pourquoi! parce que tu as avoué ton crime, ton crime que je connaissais déjà; parce que je t'ai amené ici pour me venger. Songe maintenant à tes amours et à la perfide Hortense.

Il descendit alors de la roche, il avait de l'eau jusqu'au ventre. Comme Rechteren l'appelait en criant : Louis! Louis! m'abandonneras-tu ainsi? Une lame énorme s'avança au-dessus de la tête de Louis Morand; il plongea par-dessous, et reparut de l'autre côté de la lame qui se brisa au pied de la roche. Louis Morand nagea péniblement, plongeant sous chaque lame. Rechteren cria, il ne l'entendit plus, car la lame faisait un horrible bruit jusqu'au moment où il fut hors de la marée. Alors il se retourna. Le feu brillait encore violet dans la nuit. Un peu après, il se retourna encore. Le feu était éteint. Trois heures après, il arriva à Fécamp.

— Tenez, me dit le douanier en me désignant la grotte qu'il m'avait déjà montrée, si la marée était basse, vous pourriez, en descendant la plage, voir encore dans la roche le trou dans lequel Rechteren fit brûler son genièvre.

Louis conta la mort de son ami comme il lui convint de le faire : ils avaient été surpris par la marée ; malgré ses efforts désespérés, il n'avait pu sauver Rechteren, et avait eu grand'peine à se sauver lui-même. Il mena un grand deuil de la mort de celui qu'il avait assassiné, et tout le monde s'accorda à louer son excellent cœur et sa sensibilité. Mais ce qu'il redoutait, c'était la présence de maître Guillaume et son regard sévère et pénétrant. Cette fois, il attendit que la cassette fût tout à fait vide pour se décider à retourner chez le sorcier. A la porte, il hésita, et faillit retourner sur ses pas; mais à force de se répéter que maître Guillaume n'avait pas mis de condition à ses bienfaits, et que, d'ailleurs, il serait abusé comme tout le monde par le récit qui avait couru, il reprit courage et entra. Maître Guillaume, comme de coutume, remplit la cassette sans prononcer un seul mot. Mais son regard avait quelque chose de cruellement sardonique; et quand Louis Morand lui avait, comme de coutume, tendu la main en entrant, le maître n'avait pas tendu la sienne.

Louis sortit pâle et horriblement agité; le maître avait évidemment refusé de presser la main d'un assassin. Un sourire ironique avait un moment contracté ses lèvres. Louis avait tout à redouter; non seulement il ne tarderait pas à ne plus recevoir d'argent du sorcier, mais il était encore à craindre qu'il ne voulût pas borner là sa punition. Il fut plus de trois mois sans oser se présenter chez lui : il passa tout ce temps livré aux plus sérieuses inquiétudes. Il avait épuisé tous les plaisirs que peut offrir la province; semblable à une chèvre qui, après avoir tondu l'herbe dans le cercle que la longueur de la corde qui l'attache lui permet de parcourir, la tond encore aussi raz que du velours, puis se couche découragée. Louis aussi vivait au milieu de l'ennui. Ses plaisirs se réduisaient le plus souvent à celui-ci, le plus niais de tous ; à savoir : dans un café, au milieu des cris, des jurons, de la fumée du tabac, de l'odeur de la bière et des quinquets, au bruit du choc des verres et des plus sottes discussions politiques, déployer tous ses talens au billard ou aux dominos pour faire payer à un autre les quelques verres de punch et de bière que l'on boit sans avoir soif.

Une funeste pensée tomba un jour dans son esprit. Elle s'y attacha, y prit racine; elle l'occupa tout entier, le jour, la nuit; il roula dès lors son dessein dans sa tête, les difficultés s'évanouirent, les dangers s'effacèrent.

Quand tout fut préparé pour l'exécution de son projet, il alla chez le vieillard. Zano lui ayant ouvert la porte, il se jeta sur le noir, lui enveloppa la tête de son manteau pour étouffer ses cris, et le livra à des hommes qui l'emportèrent; puis, suivi de ses complices, il pénétra, le pistolet à la main, jusqu'à la chambre de maître Guillaume, que l'on garrotta. Louis Morand, demanda le sorcier, que veux-tu de moi?

Personne ne répondit. On laissa Louis seul avec le maître, auquel il dit: — Je veux que tu me livres le trésor que tu possèdes.

— Louis Morand, répondit le maître, tu as fait des richesses que je t'ai prodiguées un trop mauvais usage pour que j'aie la folie d'alimenter plus long-temps tes vices. Avec ce que tu as eu jusqu'ici, tu as été sot et méchant; si tu possédais les trésors que je cache, tes vices deviendraient des crimes, ta méchanceté croîtrait avec les moyens de la satisfaire.

Pendant ce temps, les acolytes de Louis fouillaient toute la maison, depuis les caves jusqu'aux combles. Ils revinrent dire que ce qu'ils avaient trouvé ne valait pas dix écus. Alors on emporta le vieillard, et on l'enferma dans une prison que Louis avait fait construire.

C'était une grande tour toute revêtue au-dedans de lames de fer poli. Sept fenêtres étroites y laissaient tomber un peu de lumière pendant le jour; à cette heure, la lune y jetait une faible clarté.

Maître Guillaume, toujours calme, ne

tarda pas à s'endormir d'un profond sommeil.

Quand il ouvrit les yeux, il faisait jour. Il regarda autour de lui. Chose étrange! il n'y avait plus que six fenêtres à la tour. En levant le bras, il touchait presque le plafond, dont la veille sa main restait à une grande distance. Du reste il trouva près de lui du pain et de l'eau. Il but et mangea.

Vers le soir, une voix se fit entendre, et en même temps, à une des fenêtres, parut la figure de Louis Morand. Il employa tous les moyens que son imagination put lui fournir pour décider le sorcier à lui livrer son trésor. Maître Guillaume fut inflexible.

Le lendemain, quand il s'éveilla, la tour n'avait plus que cinq fenêtres, et, de la main il en pouvait toucher le faîte. Plus de doute, la prison, par un art affreux, se rétrécissait et s'abaissait sur lui. Elle ne tarderait pas à l'écraser entre ses murailles de fer.

Maître Guillaume but et mangea, pria et s'endormit.

A son réveil, il n'y avait plus que quatre fenêtres, et le plafond touchait ses cheveux. Le rétrécissement était visible. Louis Morand parut à une fenêtre; le maître le menaça des vengeances célestes. Louis Morand répondit par un sourire insultant, et l'engagea à lui abandonner ses richesses.

Maître Guillaume s'enveloppa la tête de son manteau, et s'endormit sans manger.

Le lendemain, quand il voulut se lever, il se frappa la tête au faîte de la tour. Trois fenêtres seulement restaient encore; de ses bras étendus il touchait les deux côtés de la tour; il but et mangea un peu, puis passa tout le jour à prier. Le soir, parut Louis Morand.

— Au nom du ciel! lui cria le maître, ne tue pas aussi cruellement un vieillard qui ne t'a jamais fait que du bien!

— Donne-moi donc tes trésors, dit Louis Morand.

Le vieillard baissa la tête sans répondre ; Louis disparut.

Cette nuit, maître Guillaume ne dormit pas ; il priait sans pouvoir ramener le calme dans son esprit ; la prison se resserrait d'une manière tellement visible qu'il se sentait étouffer. Son cœur avait peine à battre.

Il fut bientôt forcé de se tenir courbé, puis à genoux. Deux fenêtres seulement restaient à la prison.

Il essaya de se pratiquer un passage par une des deux fenêtres ; il se déchira les ongles contre le fer poli.

Il appela Louis Morand, Louis Morand parut.

— Mon fils, dit-il, que t'ai-je fait pour me condamner à une mort aussi horrible ? Aie pitié de mes cheveux blancs, aie pitié de l'ami de ton père ! ne broie pas mes os entre ces murs de fer ; grâce de la vie, ou donne-moi une mort contre laquelle mes sens se révoltent moins !

— Livre-moi donc tes trésors, répéta Louis.

Le vieillard ne répondit pas; mais la prison se resserrait toujours.

— Grâce! grâce! criait-il. Mais Louis répétait toujours : — Livre-moi tes trésors.

Maître Guillaume appuya son dos et ses pieds aux deux extrémités de la prison, en se raidissant pour l'empêcher de se retraicir encore; mais, par une force invincible, elle continua toujours à se resserrer, et elle lui plia les genoux sur la poitrine. Les os commencèrent à craquer.

— Grâce! grâce! cria-t-il d'une voix étouffée.

Mais Louis, inflexible, répéta : — Tes trésors! tes trésors!

Alors maître Guillaume tira une sonnette d'or.

Une épaisse vapeur se dissipa aux yeux de Louis Morand; avec la vapeur disparut la prison. Louis vit le sorcier, assis en face de lui dans son fauteuil de velours, qu'il n'avait pas quitté. Lui-même se retrouva précisément dans la position où il était lorsque le nécromant lui avait dit : *Il sera fait ainsi que vous le désirez.* La sonnette d'or tremblait encore sur la draperie de pourpre. Le prestige, effet de l'art du sorcier, s'était évanoui.

Zano entra.

— Zano, dit maître Guillaume à son noir, ne mets à la broche qu'une seule perdrix.

FIN.

publications prochaines.

ALPHONSE KARR.

LE CHEMIN LE PLUS COURT, 2 vol. in-8. avec vignettes sur bois.

L'ILE DES SAULES, 2 volume in-8.

POUR LE 10 DÉCEMBRE.

LE BANIAN,
ROMAN MARITIME,
PAR ED. CORBIÈRE.
2 volumes in-8.

UN OUVRAGE NOUVEAU,
PAR FRÉDÉRIC SOULIÉ.
2 volumes in-8.

UN OUVRAGE NOUVEAU,
PAR C. FEUILLIDE.
2 volumes in-8.

L'ABORDAGE.
ROMAN MARITIME,
PAR JULES LECOMTE.
1 volume in-8.

PARIS. — IMP. DE P. BAUDOUIN, RUE MIGNON, 2.

www.ingramcontent.com/pod-product-compliance
Lightning Source LLC
Chambersburg PA
CBHW071911230426
43671CB00010B/1560